자원순환사회와 NGO

김 정 훈 지음

도서출판 대영문화사

우리 사회의 큰 스승이신 김만기, 안병만 선생님께서 정년퇴임을 하십니다.
높으신 가르치심에 감사드리며 이 책을 올립니다.

머리말

국가와 정부, 그리고 시장과 기업의 구조적 변화가 정보사회의 새로운 틀 속으로 급속히 진행되는 시점이다. 이 책은 정보사회(情報社會)에 대칭되는 자원순환사회(資源循環社會)라는 산업사회 이후 재등장한 사회를 소개하기 위한 취지에서 쓰게 되었다. 화석연료에 기반을 두고 있는 기계화된 산업사회가 정보사회로 진보하고 있는 것과 같이 산업사회에서의 자원폐기사회(資源廢棄社會)는 자원순환사회로 바뀌어 가고 있는 것을 밝히고자 했다.

정보사회는 말 그대로 손으로 잡고 느낄 수는 없지만 중요한 정보라는 소프트웨어에 기초하여 형성되지만, 자원순환사회는 손으로 잡을 수 있고 느낄 수 있는 하드웨어에 근거하고 있다고 할 수 있다. 정보사회가 사람의 생각에서 출발한다면 자원순환사회는 자연의 실체에서 출발하는 것이라고 하겠으며, 마치 인간이 컴퓨터를 통해 가상의 세계를 그려 본다고 해도 그 컴퓨터는 분명 자연의 물질로 만들어진 존재물이다. 컴퓨터에 저장된 엄청난 가치의 소프트웨어라도 한 순간의 딜리트(delete) 키에 의해 흔적도 없이 사라질 수 있지만 그 정보를 담았던 컴퓨터는 어떤 딜리트 키로도 흔적없이 사라질 수 없다. 가렸던 수건을 들었을 때 감쪽같이 물건을 없어지게 하는 것은 쉬운 마술일 뿐 실제로 그런 쉬운 일은 일어날 수 없는 것이 물리적 법칙이다.

과거 산업사회는 막대한 자연자원을 집약적으로 사용할 수 있는 새로운 기술로 인류를 진보시켰으나 사용 이후의 문제는 해결하지 못했던 불완전한 시기였음을 고백해야 한다. 그 결과 생산 및 사용 이후의 엄청난 자원을 폐기하는 오류를 약 2백 여년 동안 지속시켜 왔다. 그런데 이제 그 오류들을 고칠 수 있는 가능성이 바로 정보사회의 도래와 함께 서서히 일어나고 있는 것이다. 단지 차이가 있다면 농업사회에서와 같은 낮은 수준의 자원순환사회가 아닌 풍요로운 상태에서 자원을 순환시킬 수 있는 높은 수준의 자원순환사회로 우리는 새롭게 진보하고 또한 그렇게 변할 수밖에 없는 상황에 처해 있다.

결국 21세기 초기 시대를 살고 있는 우리들은 자원순환사회가 지니고 있는 이러한 시대적 의미를 올바르게 이해하지 않으면 안 된다. 농업사회에서의 국가와 시장, 산업사회에서의 정부와 기업, 그리고 정보사회에서의 새로운 행동자로 등장한 NGO 등, 이미 빠르게 재편되는 세상의 흐름에서 그 조류(潮流)의 방향을 정확하게 이해하고 행동해야 한다.

이와 같은 맥락에서 이 책에서는 제1편 자원순환사회로 가는 길에서 국가, 시장에서의 구조적 변화를 이해함으로써 정부, 기업과는 다른 NGO의 등장 배경과 자원순환사회에서의 NGO의 좌표를 설정해 보고자 했다. 그리고 제2편에서는 자원순환사회를 실천적으로 구축하기 위한 사례들, 즉 남북한의 환경공동체를 통한 정맥산업의 육성과 새로운 자원순환사회의 일자리 창출 방안을 소개했으며, 폐기물 관리를 둘러싼 사회적 갈등을 해소하기 위한 다양한 기준과 그 해법들을 살펴보았고, 지구촌 환경공동체 형성을 향한 세계적 환경 거버넌스의 구상을 소개하고 있다.

끝으로 저자가 학생에서 학자로 성장할 수 있게 가르침을 주셨던 김만기, 안병만 선생님께 깊은 감사의 말씀을 드리지 않을 수 없다. 학문적 기초를 닦아 주신 두 분의 스승님이 어느새 정년퇴임을 하신다고 하니 참으로 세월의 무상함을 다시금 느끼게 된다. 조금이나마 선생님들께 기념이 되는 무엇인가를 드리고 싶은 마음에서 총총히 그 동안 고민했던 연구 자료들을 책으로 엮게 되었다. 다시 한 번 두 분 스승님께 감사드리며 항상 좋은 가르치심으로 후학을 지도해 주실 것을 부탁드린다.

2006년 1월
정릉을 바라보며 청운관 연구실에서
저자 김 정 훈

차 례

제2편 자원순환사회를 향한 NGO의 역할 모색

제1편

자원순환사회로 가는 길

제1장

국가, 시장에서의 구조적 변화

새로운 천년이라는 뉴밀레니엄에 대한 희망과 환희는 오히려 상상을 초월하는 테러의 공포로 시작되었다. 2001년 뉴욕의 9·11사건으로 붕괴된 세계무역센터(WTC)의 잔재물을 처리하고 있는 작업 현장(뉴욕 시 위생국 자료).

2002년 한국의 NGO들은 월드컵의 기세를 몰아서인지 요하네스버그에서도 인종과 국경을 넘어서서 "대한민국"을 흥겹게 질렀고 처음 만나는 그 지역 주민들까지 어느새 친구가 되었다.

2002년 지속 가능한 개발을 위한 지구정상회의(WSSD)가 남반구에 위치한 남아공화국 요하네스버그에서 개최되었다.

제1절 21세기의 새로운 변화

지난 1992년 브라질 리우에서 개최된 UN지구정상회담에서는 21세기를 향한 지구촌의 새로운 청사진으로 아젠다 21(Agenda 21)을 제시하면서 그 10년 후인 2002년을 새로운 변화의 세기로 기대했었다. 그러나 새로운 천년이라는 뉴밀레니엄에 대한 희망과 환희 속에 시작되었던 2001년은 뉴욕의 9·11사건으로 일순간 절망에 빠져들었다. 거대한 세계무역센터(WTC) 빌딩이 납치 여객기와 충돌하면서 순식간에 함몰되었고 수천 명이 주검으로 변했다. 사건의 충격은 21세기를 희망에서 절망과 공포로 탈바꿈시켰으며, 평화를 주장하고 지구환경을 외치며 국가의 비합리적 역할 한계를 주장했던 사상가와 운동가들은 일순간 혼돈으로 빠져들었다.

소련의 해체와 독일의 통일, 동구권의 자유화로 이어진 20세기 말의 냉전 구조 약화와 함께 국가간 무역 분야는 불완전한 GATT 체제에서 1995년 WTO 체제로 전환되었기에 세계는 이데올로기와 국가라는 장벽에서 상대적으로 자유로워진 개인의 역할과 그들의 합리성을 강조할 가능성이 제고되었다. 화석 연료에 기초한 기계 문명적 산업사회로부터 개방적이고 독자적이면서도 연대성이 강조되는 정보사회로의 진입은 개별적 국가보다는 거시적으로 확대된 이른바 세계화의 시대로 진보하는 측면도 있었다.

그러나 이와 같은 세계화에서 기대되었던 각 개인의 합리적 역할은 오히려 왜소화되고 있다. 거대한 세계 시장의 논리 속에서 이윤 극대화(profit maximization)를 추구하는 조직화된 기업의 논리와 함께, 개별적 국가의 이익(national interest)을 위해 나서고 있는 각 정부들이 자국 내에 다국적 기업들을 유치하기 위한 치열한 경쟁적 조직과 체제의 선택을 주저하지 않고 있는 현실에서 개별적 인간의 합리성은 간과되는 경향이 있기 때문이었다.

정치적인 혼돈과 경제적인 불균형에도 불구하고 2002년 남아공화국 요하네스버그에서 개최된 WSSD, 즉 지속 가능한 발전을 위한 지구 정상회의에서는 두 개의 집단적 흐름이 동시에 존재함을 확인시켜 주는 계기가 되기도 했다. 각 국가를 대표하는 정부 대표단은 화려한 공식회의장에서 기업들이 제공하는 각종 서비스를 받으며 회의장의 문을 잠그고 자국의 이익과 시장의 논리에서 협상을 벌이고 있었다.

이에 비해 멀찌감치 떨어진 외곽 지역의 비공식 회의장에서는 수많은 NGO(비정부 조직), NPO(비영리조직)들이 그들의 국적을 불문하고 소란스럽게 격론을 벌이며 그들의 논리를 개발하면서 자신들과 관련된 정부 대표단과 기업들을 압박하고 성토하면서 정부와 기업의 논리를 반박하고 있었다.

9·11테러로 충격에 빠졌던 얼룩진 지구촌에 다시금 두 가지 흐름이 연속적으로 이어지는 것을 목격하는 순간이었다. 이미 지구촌에는 정부와 기업만이 있는 것이 아니라 개인의 인권과 그것의 본질적 가치에 기반을 둔 NGO, NPO 등이 정부와 기업을 바라보는 거울 속 또 다른 자아처럼 서로를 마주보고 서 있었던 것이다. 정보화와 세계화의 흐름 속에서 국가와 시장이라는 범주를 넘나들며 정부와 NGO, 기업과 NPO가 서로를 견제하는 세력으로 존재해 왔던 것이다.

이 장에서는 이와 같은 맥락에서 국가와 시장을 조망하는 본질적인 논의에서부터 출발하고자 한다. 그리고 그 논의 과정에서 과연 정부, 기업은 국가와 시장에서 무엇이고, NGO와 NPO들은 그들과 어떤 관계성을 지니고 있으며, 향후 어떤 방향성으로 움직일 것인가를 역사적 접근 관점에서 예상해 보고자 한다.

제2절 농업사회와 산업사회의 국가와 시장

1. 농업사회의 국가와 시장

제1의 혁명이라고 일컬어지는 농업혁명은 사람들이 떠돌이 수렵 생활을 청산하고 농작물을 경작하면서 한 곳에 정착하게 되고 그곳에 성을 쌓고 문명을 일구어 낸 데서 비롯된다고 하겠다. 당연히 지킬 것이 있었기에 외부의 습격과 약탈을 막기 위한 강력한 군사력이 필요했고, 이를 위해 사회적 권한을 독점한 전제군주가 권위적 통치를 하고 그의 군사력은 강화될 필요가 있었으며, 사람들은 그러한 군주의 권위에 순종함으로써 평화와 생존을 보장받았다. 이와 같은 농업사회에서 국가와 군주는 일체적 관계를 형성하고 군주는 국가의 범주 내에 존재하는 사회적 권력을 독점적으로 향유하면서 그 권력을 능률적으로 집행하기 위한 정부를 필요로 했다고 볼 수 있다. 따라서 정부의 조직과 기능은 군주의 국가 내 사회적 통제력과 군사적 독점권을 능률적으로 집행하기 위한 도구로 활용되었으며, 이 과정에서 농업사회의 기반이라고 할 토지는 군주의 독점적 소유가 당연시되었고, 군주 이외의 사람들은 군주를 위해 농업 생산에 종사하는 구조 속에서 군주의 사회 통치 도구인 정부의 배분 구조를 따르게 되었다고 평가한다.[1)]

그러나 국가와 군주의 일체성이 약화되면 군주의 권한은 더 이상 독점적일 수 없으며, 분권화된 구조의 봉건 제도로 권한이 분배되고 토지 역시 그 소유권이 각 봉건영주들에게 분배되면서 대신 군사적 협력 관

1) 이와 같은 시각은 농업사회에 기반을 중국을 중심으로 '동양의 전제정치'로 이해하는 19세기 마르크스와 엥겔스의 시각과 유사한 측면이 있을 수 있으나 프랑스의 국가 독점자본주의를 설명하는 부분에서는 분명한 차이를 지적하게 된다. 그것은 농업사회의 국가와 정부를 산업사회로 진입하고 있는 당시의 프랑스 국가와 정부에 일치시키기는 어렵기 때문이다.

계를 형성하는 구조를 형성하기도 했다. 이와 같은 봉건 제도하에서 군주의 독점적 권한 약화는 각 지역의 생산물에 대한 다양한 거래를 활발하게 할 수 있는 배경을 낳게 되고 그 구조에서 시장이라는 이른바 생산자와 소비자 간의 선택 가능한 배분 구조를 창출시킴을 발견하게 된다.[2] 즉, 국가와 시장은 군주의 권력 독점력을 기준으로 볼 때, 상대적으로 군주의 권력 독점력이 강화되면 정부의 분배 기능이 비례적으로 강화되고, 반대로 군주의 권력 독점력이 약화되면 시장의 분배 기능이 반비례적으로 활발하게 작동되는 측면을 이해해 볼 수 있다. 이처럼 시장은 국가가 무정부 상태로 갈수록 반비례적으로 활발하게 팽창하고 기업의 활동은 강력해지는 측면을 볼 수 있다.

따라서 농업사회의 국가와 시장은 그 사회적 특징에서 군주의 권한 독점력에 따라서 국가의 힘과 시장의 힘이 서로 다른 방향으로 이동하는 측면을 발견할 수 있다. 이와 같은 경우는 아시아에서 군주의 힘이 상대적으로 강하고 집권화(集權化)되었던 중국의 명나라에서 국가적 분배 기능이 강하게 작용했던 것과 상대적으로 군주의 힘이 약해 봉건영주에 의해 통치되었던 15세기까지의 일본 봉건 시대, 즉 무정부 상태에서 시장적 분배 기능과 교역이 활발했던 것을 그 하나의 예로 이해할 수 있다. 우리 나라에서도 군주의 집권력이 강했던 조선 시대에 비해 군주의 권한이 상대적으로 약하고 지방의 독자성이 강했던 분권화된 고려 시대가 시장적 분배 기능과 교역이 상대적으로 강해 가장 상업적으로 활성화될 수 있었던 역사적 배경이 있었음을 상기할 수 있다. 이와같이 국가의 사회에 대한 통제 권력이 강할수록 정부 기능은 더욱 확대되고 상대적으로 시장의 기능은 축소되는 예를 역사적으로 쉽게 찾아볼 수 있다.

---

2) 하이예크(F. A. Hayek)는 그의 마지막 저서인 『치명적 자만』이라는 책에서 국가 형성 이전부터 교역은 존재했고, 따라서 시장은 국가의 존재보다 우선된다는 입장을 피력한 바 있으나 그 반대의 주장도 있기에 이 연구에서는 중립적 시각에서 국가와 시장의 관계를 이해하고자 한다.

2. 산업사회의 국가와 시장

제2의 혁명이라고 일컬어지는 산업혁명은 화석 연료인 석탄과 석유를 이용한 에너지의 집약적 사용이 가능하게 해서 농업사회에서는 도저히 상상할 수 없었던 거대한 기계를 작동시킴으로써 대량의 자원을 투입하여 대량의 상품을 생산해 낼 수 있었다. 물론 이와 같은 산업혁명은 축적된 과학 기술에 의해 가능했으나 사실 동로마제국의 멸망 이후, 서유럽으로 이동한 그리스문명과 로마의 합리주의가 서구 사회를 르네상스로 이끌고 근본적으로 그들의 사회를 변화시킴으로써 시작되었다고 볼 수 있다. 이른바 헬레니즘의 합리적 과학기술 문명과 헤브라이즘의 도전적 자본가 정신은 서구 사회를 근본적으로 변화시키는 동력이 되었으며, 이에 더해 개발된 산업혁명의 생산도구 변화는 수천 년 동안 지속되어 왔던 농업사회의 국가와 시장의 구조를 전면적으로 바꾸어 놓기에 충분했다.

한편 농업사회의 전통이 상대적으로 강했던 19세기 프랑스가 정치적 혁명을 통한 국가 제제를 통합석으로 관리할 강력한 정부를 구성했다면 이에 비해 영국은 산업혁명을 통한 시장적 거래 행위를 구체적으로 강화시키면서 전 세계를 대상으로 생산과 소비의 구조적 변화를 주도한 측면을 간과할 수 없다. 세계적 패권을 사이에 둔 프랑스와 영국의 지속된 전쟁은 국가와 시장을 각기 강화시켰던 결과라고 볼 수 있으며, 결국 프랑스의 국가 독점자본주의는 영국의 자유적 시장주의에 다소 밀리는 측면도 있었다. 그러나 프랑스는 중농주의(重農主義)에 입각한 강력한 국가주의를 기반으로 정부의 기능적 역할을 세련되게 발전시켜 나갔으며, 그것은 정부가 사회를 기술적으로 통치하는 기술을 급속하게 발전시키는 배경이 되었다. 이에 비해 영국은 중상주의(重商主義)에 기초했으며, 애덤 스미스(Adam Smith)의 『국부론(國富論)』에서 언급된 바와 같이 '보이지 않는 손(invisible hand)'에 의한, 즉 시장의 힘에 의해 각각의 생산자와 소비자의 선택을 통해 분배의 기술을 한층 더 세련화시킴으로써 국가 전체의 부(富)를 극대화시키는 기능을 발전시키고 이를 위해 정부는 기업의 역할을 지원하는 체제를 더욱 발전시키게 되었다고 하겠다.[3]

그러나 프랑스의 국가주의 산업화와 영국의 시장주의 산업화 모두 근본적으로 더 많은 자원을 확보하여 상품을 더 많이 생산하며 그 대량의 상품을 소비할 시장을 확보하기 위한 산업사회의 근본적 특질을 벗어날 수 없었으며 이는 후발 산업국가인 독일의 도전에 의해 제1, 2차 세계대전을 겪는 근본적 배경이 되기도 했다. 따라서 산업사회는 국가와 시장에서 정부와 기업이 주도하는 배분 구조를 벗어날 수 없었으며, 뒤이은 미국과 소련의 양극화 역시 기업이 주도하는 미국의 산업화와 정부가 주도하는 소련의 산업화로 귀결될 수밖에 없는 필연성이 존재했다고 평가할 수 있다.

3. 국가정부와 시장기업 간의 시대별 역할 변화

농업사회와 산업사회에서 군주의 국가 권력 독점이 강화될수록 정부의 분배 기능도 비례적으로 증대되는 측면을 살펴보았다. 이에 비해 군주의 국가 권력 독점이 약화될수록 정부의 분배 기능보다는 시장의 분배 기능이 확대되는 시대적 흐름을 이해할 수 있다. 한편, 국가와 군주를 동일시하던 왕권국가가 시민 부르주아 계급을 대표하는 의회를 중심으로 입법국가로 바뀌면서 정치 체제가 급변하고 다시금 그 대표성이

3) 17, 18세기 서유럽 대륙에서 진행된 프랑스의 절대군주제와 19세기 나폴레옹 I 세, III세의 국가 독점자본주의의 발전 과정은 그 후에 등장한 독일(프로이센)의 비스마르크 체제와 유사한 맥락으로 연결시켜 볼 수 있다. 그러나 영국과 프랑스, 독일을 비교해 본다면 산업화 과정에서의 영국식 시장 주도적 산업화 과정과는 분명히 구분되는 차이점이 있다고 하겠다.

모든 일반 국민들로 확대되는 이른바 민주국가화 과정을 서구 사회는 경험했다.

그러나 민주주의의 보편성을 주장하는 상황에서도 실질적인 국가 권력이 누구에게서 나오는가에 따라서 국가의 정부 역할과 시장에서의 기업 역할 관계는 차이가 있을 수밖에 없었다. 예컨대, 외견상으로는 민주주의를 표방하면서도 실제로는 1인에게 국가의 사회적 통제 권한이 독점적으로 귀속되는 독재국가, 소수에게 권한이 집중되는 과두제 국가, 그리고 국민 모두가 국가 권력의 원천이 되는 실질적 민주국가 사이에서 '정부와 기업' 간 관계는 큰 차이가 있을 수밖에 없다고 하겠다.

20세기의 아시아 국가들을 서구 국가들과 대비해 살펴보면 아시아 국가 대부분이 민주국가를 표방하고 있으나 그 속에서의 정부와 기업의 역할은 크게 다른 측면이 나타나고 있음을 부인할 수 없다. 먼저 중국의 경우, 모든 인민들에게 주권자로서의 지위를 법적으로 인정하지만 사실상 국가와 공산당이 일체화되어 있는 상황에서 정부와 기업은 공산당이 인정하는 범주 내에서만 그 자율적 기능을 인정받을 수 있으며, 상대적으로 국가의 정부는 시장보다 그 분배적 기능이 강할 수밖에 없다. 이에 비해 북한의 경우는 국가와 공산당의 일체화 속에서 사실상 1인에게 권력이 독점되면서 국가의 정부가 대부분의 분배 기능을 독점화하고 시장 기능은 극소화되어 있는 상황이라고 하겠다.

한편, 일본은 형식적으로 왕은 있지만 사실상 국민들의 주권자적 지위가 인정되면서 사회의 시장적 분배 기능이 강하고 그 시장의 주된 역할을 기업이 향유하면서 정부의 역할과 기업의 역할에는 경쟁적 관계와 동시에 상호 협력적 기능 분담의 관계 형성이 이루어져 있음을 볼 수 있다. 흥미로운 것은 한국의 경우이다. 중국, 북한, 일본의 경우와 비교할 때 서로 차이가 있는 역사적 배경을 축약적으로 지니고 있는 측면에서 살펴볼 수 있다.

한국은 1960년대부터 약 30여년간 군사정부의 1인 권력 체제에서 불균형적 경제 개발을 수행했는데, 그와 같은 한국이 1990년대 빠른 속도로 개방화되고 동시에 민주화되면서 국가정부의 분배 기능과 시장기업적 분배 기능 사이의 역할 구조가 급속히 역전되는 상황을 찾아볼 수 있다. 얼핏 보면, 1997년 외환 위기와 같은 비정상적인 상황은 돌발적으로 나타난 것 같아 보일 수 있으나 급속한 변화 속에서 국가정부와 시장기업 간의 분배적 기능이 비정상적으로 충돌하면서 순식간에 국가 부도 위기 상황에 빠지면서도 동시에 단기간에 그 위기적 상황을 극복하는 측면을 설명할 수 있는 배경을 제시해 준다.[4]

제3절 정보사회 전·후의 정부와 기업

앞서 살펴본 산업사회의 국가정부, 시장기업과는 달리 정보사회에서는 정부, 기업만이 주된 활동 주체가 아님을 발견할 수 있다. 그것은 정보사회의 배경이 된 개방화와 함께 정보 기술의 발달로 급진전된 새로운 변화 속에서 강력한 역할 주체로 등장하고 있는 NGO와 NPO의 역할 관계 형성에서도 그 분명한 차이를 비교해 볼 수 있다.

1. 정보사회 이전의 정부와 기업

농업사회가 군주의 권력 독점에 따른 정부의 분배 기능을 가장 큰 특징으로 제시한다면 산업사회는 더 이상 특정한 개인이나 집단에 권력이 집중되기 어려운 상황에서 상대적으로 시장의 분배 기능이 확대되고 그

4) 1997년 한국의 외환 위기와 경제적 공황 상태를 두고 많은 경제학자들이 예측 불가능하고 이론적으로 설명하기 어려운 지극히 예외적 현상이라고 한 것은 얼핏 옳은 평가라고 할 수도 있다. 그러나 국가의 정부 기능과 시장의 기업 기능이 근본적으로 역전되는 분수령의 상황에서 어쩌면 그와 같은 예외적 현상은 당연히 예상할 수 있는 부분도 있었다고 판단된다.

과정에서 기업의 역할이 강조되었음을 살펴보았다. 이와 같은 시각에서 산업사회에서의 가장 대표적인 이데올로기적 논쟁은 결국 국가 중심의 정부가 행하는 분배 기능을 강조할 것이냐, 아니면 시장 중심의 기업의 활동 영역을 확대함으로써 성장 기능을 확대할 것인가라는 평등주의와 자유주의의 논쟁적 이데올로기로 귀결된다고 하겠다. 따라서 평등주의를 강조한다면 국가에 의한 정부의 분배 기능이 강화될 것이고, 반대로 자유주의를 강조한다면 시장에 의한 기업의 성장 기능이 강조될 것이었다.

2. 정보사회 이후의 정부와 기업

산업사회까지의 이념적 논쟁의 주된 대상이 되었던 정부와 기업의 역할 관계에 대해 정보사회에서는 새로운 활동 주체를 다양하게 등장시킴으로써 그 역할 관계성을 매우 복잡화시키는 경향이 나타나고 있다. 이미 정부와 기업 간의 관계에서도 국가의 범주 내에 존재하는 정부의 통제 범위를 넘어서는 기업, 이른바 다국적 기업이 등장함에 따라서 기존의 산업사회에서의 정부와 기업 역할 관계를 근본적으로 변화시키고 있다.

그런데 그와 같은 생산자로서의 기업에 대응할 주체로 다양한 개인들이 더 이상 객체로 남아 있지 않게 되었다는 것이다. 수많은 다양한 개인은 조직화된 기업에 비해 매우 왜소한 존재였으나 다양한 개인들이 정보사회의 인터넷 매체 등의 발달로 급속히 조직화되어 일정한 움직임과 세력을 형성하기 시작했다는 것이다. 그들의 다양한 요구는 다양한 소비자 중심의 단체들을 통해 직·간접적으로 기업에 영향을 줄 수 있는 사회적 권력 주체로 등장했으며 기업의 이윤 추구 활동을 견제하기 시작했다. 또한 기업이 국가의 경계선을 넘어서서 다국적 기업화되는 것과 함께 어느 사이엔가 비정부조직인 NGO들도 국가정부의 범주를 넘어서서 국제적 연대 활동을 강화하면서 국내 정부가 견제하기 힘든 기업의 영리 활동을 국제적 범주에서 감시하고 비판하면서 수많은 소비자들의 권익을 옹호할 수 있는 가능성을 열고 있다.

한편 산업사회의 경우, 국가의 범주 내에서 사회적 권력을 독점했던 정부가 시장의 기업에게 그 상당한 역할을 할애했지만, 정보의 폭넓은 공유화는 더 이상 정부의 정책 결정 과정을 정부 내에 한정시킬 수 없게 되었다. 국가 주권에 대한 대다수 국민들의 실질적 공유화 과정이라고 할 민주화를 통해 국민들의 생각과 행동은 기존의 정치 과정을 뛰어넘는 수준으로 발전했고 다양한 국민들의 생각과 행동을 담을 수 있는 다양한 조직들이 요청되었다. 이른바 정부의 공식적 기구에 대응한 NGO는 이와 같은 국가 권력의 민주화와 개방화 과정에서 활성화되고 그 역할을 자연스럽게 분담하게 되었다고 하겠다.

3. 정보사회 이전과 이후의 차이점 비교

정보사회 이전에는 주로 국가정부와 시장기업에 대한 것이 주된 변수가 될 수 있었으나 정보사회에서는 양대 변수만으로 설명할 수 없는 새로운 변수들이 다수 등장했다. 그것은 국가정부에 대한 진정한 주권자인 시민의 역할이 제대로 등장할 수 있게 된 것과 시장의 중요한 주체가 생산자 중심에서 소비자 중심으로 변이된 것과 맥을 같이한다. 동시에 시민과 소비자는 개별적이고 산별적이어서 조직화되기 어려운 한계가 있었으나 정보사회는 기술적으로 그 한계성을 극복시켜서 시민의 조직화, 소비자의 조직화를 정부나 기업의 그것과 경쟁할 수 있는 수준에 이르게 하고 있다. 즉 국가에는 정부라는 조직뿐만 아니라 시민을 기반으로 하는 다양한 조직이 형성되었고 이는 수많은 NGO로 구체화되었으며, 시장에는 생산자인 기업뿐만 아니라 소비자들에 기반을 두고 있는 다양한 NPO들도 등장했다고 하겠다.

제4절 정보사회에서의 NGO

1. NGO와 NPO에 대한 연혁적 비교

NGO라는 용어는 인간 본연의 자유(fundamental freedoms)와 인권(human rights)에 대한 보호를 위한 개념적 사용과 매우 긴밀한 상관성을 지니고 있다고 한다(Korey, 1998: 29-50). NGO가 정부의 한계와 오류를 극복하기 위한 역할에 그 연혁적 배경을 두고 있다면 NPO는 상대적으로 이윤 추구를 최고 목표로 삼는 기업의 한계를 극복하기 위한 배경에서 그 의미를 찾아볼 수 있기 때문이다.[5] 그런 의미에서 NPO는 국가 내 조세 제도와 밀접한 관련성을 갖고 있고, 그 뚜렷한 의미를 정부의 조세 감면 대상으로 범주화하는 측면도 있다. 즉, 기업이 이윤을 창출하고 그 대신 조세 제도를 통해 세금을 낸다면 NPO는 이윤을 추구하지 않으므로 세금을 감면받을 뿐만 아니라 사회의 공공 이익을 위해 일하기 때문에 NPO에 기부할 경우, 그에 비례한 세금 공제가 가능할 수

5) 1945년 제정된 UN헌장에는 그 공식적인 NGO의 역할이 규정되어 있다. UN헌장 제71조의 "UN경제사회이사회는 그 권한 내에 있는 사항과 관련이 있는 비정부간기구(NGOs)와의 협의를 위해 적절한 약정을 취할 수 있다…"에서 NGO의 명시적 지위와 역할이 규정되어 있는데 이와 같은 조항이 삽입된 배경을 설명한 문헌에 따르면 다음과 같은 사항이 발견되기 때문이다(Korey, 1998: 29-50). 즉, 제2차 세계대전을 마무리하는 과정에서 인류는 국가라는 틀 속에서 그 주도적 역할을 담당했던 어떤 정부라도 그 공식적 조직이 행할 수 있는 치명적인 오류를 경험했기 때문이라는 것이다. 전쟁 과정에서 당시 독일 정부는 조직적으로 수백만 명의 유태인을 학살(holocaust)하는 행위를 자행했고 일본 정부 역시 난징(南京)대학살 등에서 수십만 명을 살육했으며 그것은 반인간적 범죄행위를 조직적으로 주도한 정부의 치명적 오류성에 대한 경험이었다. 1945년 4월 25일부터 개최된 샌프란시스코회의에서는 연합국 50개 대표가 모여서 전후 처리와 국제평화 문제를 다루었는데, 이 때 국제연합헌장의 초안이 4개 분과위원회와 12개 전문소위원회에서 심의되었고, 그 과정에서 유엔헌장에 많은 적극적인 NGO들의 역할에 의해 정부의 한계와 정부의 오류에 대응하기 위한 NGO의 역할 기능을 명시적으로 규정한 조항을 삽입할 수 있었음을 찾아볼 수 있다.

있는 구조를 지니고 있다.6)

따라서 연혁적인 측면에서 본다면 NGO는 정부의 한계를 극복하기 위해, NPO는 기업의 한계를 극복하기 위한 조직체라고 할 수 있다고 평가된다. 또한 NGO는 정부의 공공 기능이 지니고 있는 개인의 고유한 인권을 침해할 수 있는 부분을 방어하기 위한 역할이 태생적으로 강하다면, NPO는 기업의 사적 기능이 지니고 있는 공적인 측면의 한계성과 정부의 부족한 공적 역할을 보완하는 기능도 지니고 있다고 하겠다.

2. NGO와 NPO의 개념적 비교

많은 연구와 실제 활동가들이 혼재적으로 사용하는 NGO와 NPO의 개념적 혼란성은 사실상 그것이 추구하는 공통된 공익성에서 기인한다. 그렇지만 NGO가 추구하는 공익성은 앞서 연혁적 배경에서 밝힌 바와 같이 국가적 공익보다는 개인적 인권에 그 기초를 두고 있는 측면이 강

---

6) NPO에 대한 용어 사용이 한국 사회에는 다소 생소한 측면이 있다. 그러나 최근 샐러먼(Lester M. Salamon)의 저술이 국내에서 활발하게 번역 소개되면서 미국 사회에 기반을 두고 있는 NPO의 역할과 기능 그리고 그것의 개념적 범주가 부각되고 있다. 그 동안 한국 사회에서 경험한 바 있는 NGO의 역할과 기능이 NPO의 그것을 비교하는 과정에서 상당한 개념적 혼란이 야기되는 측면도 있었다. 그 까닭은 앞서 산업사회에서의 국가와 시장에 대한 논의 가운데 서유럽에서의 역사적 배경 가운데 영국은 시장기업주의적, 대륙계(프랑스, 독일 등)는 국가정부주의적 측면이 강조되었던 차이에서 출발한다고 판단된다. 영국의 철학자 밀(John S. Mill)이 그의 역작 『자유론(*On Liberty*)』에서 "정부기관은 어느 곳에서나 똑같은 모습으로 운영되지만 개인이나 비영리조직 등에서는 여러 실험이 이루어지는 다양한 경험이 존재한다"고 언급한 바와 같이 영국인들이 보는 정부에 대한 시각과 프랑스, 독일인들이 보는 그것과 상당한 차이가 있다. 더욱이 미국은 영국의 전통과 깊은 연관성을 지니고 있지만 영국과는 또 다른 측면에서 프랑스 철학자인 토크빌(Alexis Tocqueville)에게 충격을 주기도 한 것으로 보인다. 그것은 미국 민주주의에서 경험한 자발적인 단체의 결속과 참여에 대한 것이었으며, 이는 당시의 프랑스인에게 전혀 색다른 경험이 될 수 있었을 것이기 때문이다. 150여년이 지난 지금도 유럽의 대륙 국가들에서는 NPO라는 용어 사용을 거의 하지 않는 것도 이와 같은 배경에서 비롯된 것으로 판단된다. 최근 고래 보호를 위해 한국에 온 네덜란드 출신의 그린피스(Green Peace) 활동가에게 소속단체를 NGO라고 지칭하느냐 아니면 NPO라고 하는가라고 물었을 때 단연코 NGO라고 언급하면서 NPO가 무엇이냐고 반문할 정도로 대륙계 유럽인들에게 NPO는 생소한 개념이라고 판단된다.

한데 비해 상대적으로 NPO는 약자에 대한 배려와 지원이라는 측면이 강하다고 평가할 수 있다. 결국 NGO라는 명칭을 더 적합하게 사용하는 조직이라면 그 조직은 국가적 공익보다는 개인적 인권에서 출발한 정의로움이라는 것과 자연스럽게 연계되면서 정부가 추구하는 공익과 배치되고 충돌될 수 있는 가능성이 많다고 하겠다.

이에 비해 NPO가 추구하는 공익성은 기업이 하지 못하는 또한 정부가 하기 어려운 분야에서 공익을 추구하기 때문에 NGO보다는 정부와 협조적이고 보완적 관계를 갖출 수 있다. 또한 NPO는 상대적으로 기업에 대해서는 그 공익적 속성으로 인해 상호 경쟁적이며 갈등적 관계를 지닐 수도 있다고 판단된다. 따라서 NGO와 NPO는 개념적으로 공익성을 추구한다는 측면에서는 넓은 공통 분모를 지니고 있으나 역시 국가적 공익을 추구하는 정부와의 관계에서는 'NGO는 경쟁 관계', 'NPO는 보완 관계'를 띠고 있는 차이점이 있다.

3. 정보사회에서의 NGO와 NPO의 역할 변화

정보사회는 기본적으로 개방화라는 전제 조건에 기초하여 출발한다. 개방화되지 않은 국가나 사회에서 정보화를 언급하기는 곤란하기 때문일 것이다. 대량의 다양한 정보가 공유되면서 개방화될 수밖에 없으며, 그러한 정보사회에서의 NGO와 NPO는 중요한 역할 변화를 경험하게 된다.

지금까지 살펴본 역사적 관점에서 본다면, 개방화된 국가의 정부는 필연적으로 자국 내 NGO의 역할 기능 부분을 점차 축소시킬 가능성을 높이게 될 것으로 판단된다. 그 까닭은 앞서 살펴본 바와 같이 NGO의 출발점이 개인의 인권에 기초한 정의로움에 있고, 그 정의로움은 개방화된 정부에서 자연스럽게 일치되는 가치로 연결되기 때문이다. 독재화되어 있고 폐쇄화되어 개인의 권리와 정의로움이 부당하게 침해되는 경우, 정부에 대한 NGO의 역할은 크게 부각될 수 있으나 민주화되고 개방화되어 정부가 개인의 인권을 존중하는 정의로운 역할을 한다면 NGO의 강력한 존재 이유는 점차 희석될 수밖에 없을 것이다.

그러나 개방화되고 개인의 인권을 존중한다고 하는 국가와 정부가 있다고 해도 반드시 시장의 기업들이 올바르게 역할을 한다고 볼 수는 없다. 올바른 정부는 바람직한 기업 활동을 위한 필요 조건이지만 충분 조건까지 제공할 수 없기 때문이다. 따라서 국가의 정부가 그 역할을 제대로 할 수 있기 위한 협조적인 다양한 역할자가 필요한데 그것은 바로 NPO의 몫이 아닌가 생각된다.7) NPO는 정부보다는 시장의 기업들이 그 태생적 한계로 인해 빠질 수 있는 오류를 개선하고 고칠 수 있는데 더욱 적합한 역할 담당 조직일 수도 있다. 그러나 국가의 영역을 넘어서서 개방화가 세계화로 급속히 진전되고는 있으나 오히려 UN과 같은 국제 기구가 그들의 세계 정부적 역할을 하지 못하면서 개인의 가치와 권리가 부당하게 침해되는 경우가 더욱더 발생함에 대응하여 사실상 국제적 NGO의 몫은 향후 더 커질 필요가 있다.

요컨대 국가 내에서뿐만 아니라 국제 사회에서도 국가정부와 세계정부의 기능이 올바로 작동하지 않는다면 상대적으로 NGO의 역할이 NPO의 역할보다 더 확대될 필요가 있으며, 그 반대인 경우라면 NGO보다는 NPO의 역할이 더 중시될 수 있다는 것이다. 이 때, NGO와 NPO는 그 개념적 차이에서 나타나는 역할 기능의 분화라는 측면에서 이해

7) 정부의 공식적 역할 분야에서 발생하는 한계를 적극적으로 찾아서 메울 수 있는 NPO의 역할 기능에 대한 강조이다. 따라서 정부 자체의 필요성 때문에 동원하고 통제될 수 있는 정부 관변단체와는 분명히 구분되어야 할 것이다. 만일 NPO의 역할을 정부를 지원하는 단체로 본다면 그것은 NPO가 아니라 Quasi-NGO라고 하는 것이 더 적합할 것이다. 또한 기업이나 개별적 집단이익을 옹호하는 노동조합, 재계단체, 친목단체 등은 Quasi-NPO라고 하는 것이 나을 것이다. 요컨대 NGO, NPO 모두 다소간 개념적 차이는 다소 있지만 그 모두 인간 본연의 가치를 보호하기 위한 공공의 선을 추구하는 데에 기초를 두고 있어야 하며, 정부나 기업을 위해 존재한다면 그것은 단지 Quasi-Organization에 불과하다고 하겠다.

되어야 할 것이며, 반드시 인간 본연의 가치를 향한 '공공의 선'을 위한 조직임이 전제되어야 함을 결코 간과해서는 안 된다.

제5절 제3의 정부 역할

지금까지 농업사회와 산업사회의 국가와 시장에서 주된 역할자로 지칭되었던 정부와 기업이 정보사회로 진입하면서 그 역할 한계를 극복하기 위한 새로운 역할자로서의 NGO와 NPO의 등장, 그리고 그것의 기능적 차이점을 살펴보았다. 이제 이와 같은 역사적 접근 방식에 의한 논의를 마무리하면서 다음과 같은 자연스러운 질문이 스스로 제기될 수 있었다. 그것은 "그렇다면 과연 정부는 무엇이고, 향후 어떤 역할을 담당해야 하는가?"에 관한 것이다.

분명한 것은 빠른 세계화와 정보화의 과정에서 "올바른 정부는 세계에도 필요하며 각 국가에도 정의로운 정부가 절실히 필요하다"라고 답하고 싶다. 만일 국가의 영역을 폐쇄적으로 제한할 수 없는 정보사회의 성숙기가 도래하고, 이미 그러하다면 그것은 세계정부의 구축을 위한 세계 NGO들의 연대와 역할 강화가 절실한 시점도 함께 온 것이라고 판단한다. 세계정부는 조속히 세계적 규모의 조세 체제를 정비하고 분배의 문제를 해소하여 기아와 질병으로 고통받는 20억 이상의 인류를 구제해야 한다는 것이다.

그렇다면 국가정부는 어떠해야 할 것이며, 어떤 역할을 해야 하는가? 이 연구는 이와 같은 자기 물음에 대해 앞서 논의된 사항을 근거로 '제3의 정부 역할'이라는 시각에서 그 답을 찾을 수 있지 않을까 생각해 보았다. 그것은 개방화되고, 더욱더 세계화되고 있는 상황에서 국가의 정부는 개인의 역할을 가능한 극대화하면서도 그것이 올바른 방향으로 나아갈 수 있도록 하는 그 무엇, 즉 정보를 쉽게 검색할 수 있는 도구와 같은 것을 만드는 작업이 필요하다고 생각되었다. 그 도구(tool)라는 것은 국가와 개인을 통치의 관계로 설정시키는 농업사회에서 통용되던 제1의 정부 역할이 아니며, 기업과의 경쟁적 관계에서 성장과 분배 사이에서 갈등하던 산업사회에서 사용되었던 제2의 정부 역할도 아니다. 제3의 정부 역할은 각각의 개인들에 기반을 둔 다양하고 많은 정보를 가장 잘 활용할 수 있도록 국가와 시장, 정부와 기업, NGO와 NPO, 생산자와 소비자들이 올바른 기능과 역할을 스스로 찾아서 할 수 있도록 쉬운 공공적 도구를 만들어 제공하는 것이다.

또한 정보사회의 성숙기에 접어들었다면, NGO의 역할을 NPO의 역할로 적극 전환시키는 필요성도 있다고 할 것이다. 이는 앞서 언급한 바와같이 국가의 정부가 개인의 본질적 자유와 인권을 스스로 인정하고 충분히 수용할 수 있는 단계에 이르렀다면 다양한 NGO의 역할 기능을 NPO의 공공 기능 분담으로 재정립화시킬 수 있도록 새로운 도구를 짤 필요성이 있다는 것이다. 예컨대 국가정책이라는 명목으로 정부가 직접 개발하고 수행하기 위한 각종 사업과 프로그램에 대해 반대적 기능을 담당했던 환경 NGO들에게 이른바 정부가 제대로 할 수 없었던 다양하고 세부적이며 비영리적 환경 보전 기능을 적극적으로 담당할 수 있는 그 무엇을 만들어 그들이 환경 NPO로 거듭날 수 있게 해야 한다는 것이다. 다시 말해서, 정부가 세금을 거두어 정부가 관료조직을 만들고 정부가 정책을 개발하며 정부가 이를 직접 집행하는 제2의 정부 역할 기능을 이제는 벗어나야 한다는 것이다.

개인에 기반을 둔 크고 작은 다양한 비정부적·비영리적 조직들이 각각의 역량을 최대한 발휘할 수 있도록 재원을 마련할 수 있는 합리적 도구를 만들어야 한다. 공공의 이익을 위해 관료조직이 하기에 부적합한 다양한 역할들을 스스로 찾아서 성실히 수행할 수 있도록 적극적 도구를 만들지 않으면 안 된다. 기업의 영리 추구 활동이 공공의 이익에 부합되는가의 여부를 책임지고 견제하며 지속적으로 감시할 수 있어야 하고, 만일 그 역할을 제대로 하지 못하는 NPO들이 있다면 즉각 퇴출될 수 있고 새로운 역량 있는 조직들이 진입할 수 있는 공익적(公益的) 도구를 만들어야 한다는 것이다. 이미 국가와 시장은 급속히 변화되었고 그 변화의 흐름에는 개인의 자생적 기능이 급속히 부각되고 있으며, 이와 같은 개인의 주체적 변화와 에너지를 올바르게 수용하여 운용할 수 있는 '제3의 정부'를 기대해 본다.

폐쇄적이었던 중국이 개방화되면서 각종 시민단체들의 활동도 점차 확대되어 가고 있다. 중국의 공산당 정부는 베이징(北京) 올림픽 개최를 계기로 사회적 안정과 정치적 발전을 위한 점진적 준비 작업을 하고 있으나 극심한 갈등 표출 가능성에 대해서 우려하고 있다. 따라서 제한된 범위 내에서의 환경 NGO 역할만을 수용하고 있는데 2004년말 베이징 시에 세계적인 환경 NGO인 그린피스가 사무실을 열고 본격적인 역할을 시작할 수 있게 묵인한 것 역시 중국의 정치적 민주화를 향한 준비 일환으로 이해할 수 있다. 사진은 한국의 환경 NGO인 환경정의 간사들이 베이징 그린피스 사무실 개소일에 방문해 상호 관심 사안을 토의하는 장면이며, 뒤쪽 벽면에 한자로 쓰여진 그린피스, 즉 녹색평화라는 표시의 심벌이 인상적이다.

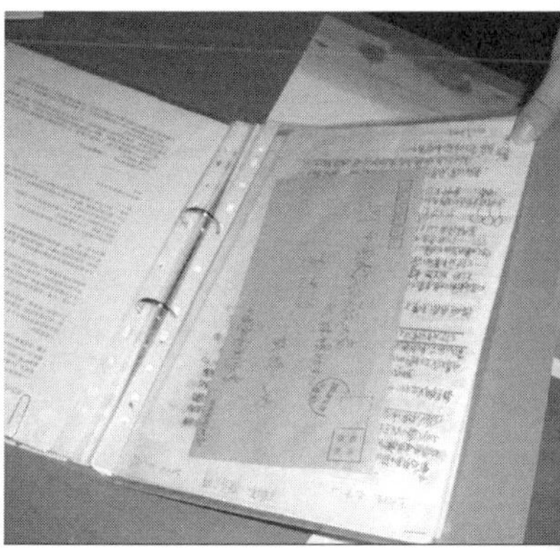

중국의 경제 체제가 시장주의에 따라 변화되면서 법의 논리가 정치적 논리를 합리적으로 제어할 수 있는 토대가 마련되고 있다. 이와 같은 과정에서 중국의 변호사와 법률가를 양성하는 중국 법정대학(China University of Political Science and Law) 내에는 오염피해자법률구조센터가 전문가들을 중심으로 매우 활동적으로 운영되고 있다. 사회주의 국가 내에서의 제도적 접근을 적용한 법률 전문가 중심의 NGO라고 할 수 있는데 중국 각지의 오염 피해 사례가 신고되면 센터에서는 법률적으로 환경 피해자들의 구제 방안을 찾아낼 뿐만 아니라 실제 무료 소송을 통해 높은 승소율을 기록하는 성과를 내고 있다. 왼쪽 사진은 환경오염 피해자들의 피해 신고 편지이며, 오른쪽 사진은 오염피해자법률구조센터를 방문하여 만났던 그곳 교수와 변호사들이다. 우측에서 두 번째가 필자.

제 2 장

정보사회의 자원순환

미국의 뉴욕 시에서는 최근 '거리 청소 파트너'라는 명칭으로 비상근직 인력을 다수 고용하고 있는데 주로 뉴욕 시 영세 소득자들의 자활 활동 지원 프로그램으로 운영되고 있다. 마땅한 직업이 없는 사람들에게 적은 임금이지만 부분적으로 거리 청소를 담당하게 함으로써 거리의 청결도는 매우 높아졌고, 생계형 범죄를 일으킬 수 있는 사람들에게 일자리를 제공함으로써 범죄 발생을 사전에 예방하는 효과도 갖고 있다고 한다.

제1절 단선사회에서 순환사회로

'자원순환사회란 무엇인가?'에 대한 가장 간결한 응답은 '폐기물이 없는 사회'라고 할 것이다. 그러나 "어떻게 살면서 폐기물이 나오지 않을 수 있는가?"라는 의문이 조건반사적으로 나오게 된다. 이러한 의문에 대해 혹시 우리는 상당 기간 동안 자신도 모르는 사이에 비상식을 상식으로 강요받은 산업사회 속 최면 상태에 빠져서 "폐기물은 불가피하게 발생할 수밖에 없다"라는 가설을 사실로 인정하고 있었던 것은 아닐까? 자원순환사회로 가는 첫 단추는 여기에서부터 풀어 볼 수 있을 것이다.

폐기물이 없는 사회, 즉 자원순환사회는 오래 전부터 존재했고 향후 수십 년 내에 다시금 폐기물이 없는 사회로 회귀될 것이라고 예상한다. 단지 차이가 있다면 인류의 역사 가운데 산업사회라는 과도기적인 짧은 기간 동안 자원을 폐기하고 순환시키지 못하는 시기가 있어 왔는데 이는 빠른 속도로 바뀌어 결국은 자원순환사회가 다시 복원될 것이라는 것이다. 그렇지만 산업사회 이전의 저급한 수준의 농업사회와 앞으로 도래할 사회가 같은 수준인지 아니면 훨씬 높은 수준의 사회로 진보할 것인가는 여전히 불분명하다. 그렇기에 이 연구의 주된 목적은 이 부분에 초점을 맞추어 접근하고자 한다. 산업사회 이후가 자원순환사회로 가는 것은 필연적이지만, 그것이 과거와 같이 고되면서도 빈곤했던 농업사회에서의 낮은 수준에서의 자원순환사회로 후퇴해서는 안 된다는 사실이다.

과도기적 산업사회보다 훨씬 풍요로우면서 황폐함과 심각한 오염이 더 이상 발생하지 않는, 그렇지만 지속적인 성장으로 모두가 그 풍요로움과 쾌적함을 만끽할 수 있는 사회, 이른바 높은 수준의 자원순환사회로 우리는 함께 가야 할 것이다. 물론 그것을 얻기 위해서는 많은 과제에 직면하고 극복해야 하므로 그 길이 결코 순탄하지만은 않을 것이다. 이제 우리가 원하는 지속 가능한 발전을 달성할 '자원순환사회로 가는 길'은 어떤 경로를 거쳐야 할 것인가를 함께 살펴보고자 한다.

제 2 절 자원이 순환되는 사회

자원순환사회란 어떤 사회일까? 과연 달성하기 어려운 꿈 같은 이상향일까? 자원순환사회는 그렇게 추상적이고 꿈 같지도 않으며 이미 실천이 부분적으로 이루어지고 있는 우리에게 매우 친숙한 사회일 수도 있다. 우리가 사는 한국 사회뿐만 아니라 외국의 선진 국가들에서 자원순환사회를 이해하고 그 이정표를 제시하는 예는 쉽게 찾아볼 수 있다.[1)] 우선 개념적으로 자원순환사회를 영어식으로 표현한다면 Zero Waste Society로 표현할 수 있는데, 이를 세 부분으로 유형화한다면 다음과 같이 나누어 설명할 수 있을 것이다.

1. 고형폐기물이 없는 사회(Zero Solid Waste Society)

액체 상태가 아닌 고체 상태의 폐기물을 고형 폐기물이라고 지칭하는

1) 독일, 오스트리아, 스웨덴, 네덜란드 등 유럽 국가들도 Zero Waste를 폐기물 관리를 위한 주요 정책 목표로 사용하고 있는데, 확대생산자 재활용 제도(EPR: Expanded Producer Responsibility)의 자국 내 도입 적용 이유로 Zero Waste를 제시한 바 있다. 또한 호주의 캔버라 광역도시정부는 1996년에 'No Waste by 2010' 계획을 수립했으며 뉴질랜드의 많은 지방자치단체들도 2020년까지 폐기물 매립을 제로화하겠다는 구체적인 목표와 계획을 세웠다. 한편 캐나다의 토론토 시에서는 'Zero Waste by 2010'의 구체적 실행계획을 수립하여 시행하고 있으며, 영국에서는 보수당과 자유민주당이 정당의 주요 정책 제시 목표로 Zero Waste를 밝히고 있고, 미국에서는 서부 지역을 중심으로 많은 도시와 지방자치단체가 Zero Waste를 목표로 구체적인 실천사업을 수행하고 있다. 민간단체로서 캘리포니아 자원순환협회(CRRA: California Resource Recovery Association) 등은 미국의 Zero Waste운동을 위해 중요한 역할을 담당하며, 우리 나라에서는 사단법인 자원순환사회연대(쓰레기 문제 해결을 위한 시민운동협의회)가 그 역할을 담당하고 있다.

데 쉽게 풀이하면 통상 우리가 생활하면서 인식하는 대부분의 쓰레기들은 고형 폐기물에 가깝다고 할 것이다. 현행 폐기물관리법에서는 폐기물을 쓰레기, 연소재, 오니(汚泥), 폐유, 폐산, 폐알칼리, 동물의 사체(死體) 등으로서 사람의 생활이나 사업 활동에 필요하지 아니하게 된 물질로 법적인 정의를 내리고 있다. 열거된 광범위한 폐기물 유형에서 고체 상태이면서 유해성이 상대적으로 낮은 물질을 고형 폐기물로 학술적 측면에서 재분류하는데, 통상 우리가 쓰레기로 인식하는 대부분의 물질은 고형 폐기물이라고 할 수 있다.

고형 폐기물과 관련하여 다음과 같은 경우를 고려해 보자. 생활이나 사업 활동에서 필요하지 않아 버려진 물질들이 다시 유용하게 생활이나 사업 활동 부문에서 가치 있게 사용할 수 있는 체계가 마련된다면 고형 폐기물도 사라질 수 있는가? 사실 앞서 폐기물의 법적 개념 정의에서 살펴본 바와 같이, 폐기물은 객관적 개념으로 정의된 것이 아니라 주관적 개념으로 정의된 것이다. 따라서 버려진 신문지를 쓰레기, 즉 고형 폐기물로 간주하여 매립 처리한다면 폐기물로 다루어지지만 그 신문지를 재활용해 다시 제지 원료로 만들어 낸다면 이는 유용한 자원이 될 수 있다는 것이다. 한때 대부분의 신문지가 수집 비용이 높다고 하여 폐기물처리장에 버려지던 우리의 1990년대 초까지의 경험은 사라지고 있다. 1980년대 사라졌던 고물상이 1990년대 후반 다시 등장하기 시작했고 쓰레기를 돈 내고 버리는 쓰레기종량제 제도의 시행 이후, 재활용 체계가 신속히 구축되면서 신문지는 유용한 자원으로 바뀌었으며 값어치 있는 자원으로 간주되어 더 이상 고형 폐기물로 취급되고 있지는 않다.

결국 고형 폐기물이 없는 사회를 향해 한국 사회는 다른 나라들에 비해 상당히 앞서 가는 길로 접어들었다고 평가할 수 있다. 시민들의 쓰레기 감량 운동, 쓰레기 분리 배출, 이를 제도화한 쓰레기 종량제, 그리고 이 제도에 의해 신속하게 재구축된 자원재활용 산업 구조 등등은 세계의 어느 사회에서도 찾아보기 힘든 자원순환사회로 진보한 성공 사례라고 평가할 수 있다. 종이가 귀하고 부족해 버릴 것이 없었던 농업사회와는 분명한 차이가 있는, 풍요롭지만 산업사회와 같이 한번 쓰고 폐기하지는 않는, 높은 수준의 자원순환사회로 한국 사회는 진보했다고 하겠다.

2. 유해 폐기물이 없는 사회(Zero Hazardous Waste Society)

앞서 논의된 고형 폐기물의 경우와는 달리 한국 사회를 유해 폐기물이 없는 사회로 진입했다고 주장하기는 어려울 것이다. 유해 폐기물은 폐기물 가운데 유해성을 기준으로 재분류된 폐기물이라고 할 수 있는데, 법적 정의로 보면 지정 폐기물에 가깝다. 현행 폐기물관리법에서는 지정 폐기물을 일정 규모 이상의 사업장에서 발생하는 폐기물 가운데 폐유·폐산 등 주변 환경을 오염시킬 수 있거나 감염성 폐기물 등 인체에 위해(危害)를 줄 수 있는 유해한 물질로서 대통령령이 정하는 폐기물을 지칭한다고 정의한다.

그러나 법적 정의에서 제시된 지정 폐기물은 유해 폐기물 가운데 발생원을 사업장으로 한정하고 있고, 시행령에 규정된 항목만을 제한함으로써 근본적인 한계를 지니고 있다. 예컨대 다음과 같은 몇 가지 사례를 생각해 보자. 옆집에서 버린 중국제 장난감을 주워서 놀던 어린이가 장난감을 분해하여 페놀 처리된 전기회로기판을 꺼내어 일회용 라이터로 불장난을 할 경우, 이 아이는 치명적인 발암성 유기오염 물질에 직접 노출되어 소아암이 발병할 가능성이 높다. 휴대폰에 널리 사용되는 리튬이온 배터리 역시 집안 구석에서 뒹굴다가 쓰레기 소각장에 반입, 큰 폭발 사고로 이어질 가능성도 배제할 수 없다. 가장 안전해야 할 가정의 부엌에는 각종 유해한 화학물질로 구성된 세제와 트레펑, 살충제들이 수없이 놓여 있지만 사용 후 안전한 수거 체계가 없다는 이유로 가정용 쓰레기 봉투에 섞여서 폐기물처리장으로 반입, 2차 오염을 야기하게 된다.

지정 폐기물로 안전하게 처리되어야 할 유해물질이 우리 주변에 수 없이 많이 있음에도 이에 대한 유해성 평가는 제대로 이루어지고 있지 못하며, 경제성이라는 이유에서 생산자가 유해물질 발생도가 높은 화학물질을 과도하게 사용해도 이를 제어할 친환경적 생산 체계는 거의 갖추어져 있지 못하다.

유럽과 같은 선진국에서는 전자제품에 유해물질을 근원적으로 사용하지 못하도록 원천 규제하고, 유해물질이 들어 있는 일본제 어린이 전자장난감의 수입을 봉쇄하는 강력한 조치를 단행한 바 있다. 유럽의 EU 국가들은 어느새 산업사회의 과도기적 병폐였던 화학물질 범람을 생산 단계에서부터 차단하고 유해물질의 사용을 근원적으로 줄임으로써 유해 폐기물이 발생하지 않는 사회로 진입하고 있다. 환경을 이유로 보이지 않는 보호무역 장벽이라고 주장하는 것이 설득력이 없음은 이미 국제사회의 흐름이 유해 폐기물이 없는 사회로 접어들기 시작했기 때문이다. 쓰레기, 즉 고형 폐기물이 많기로 유명한 미국 사회조차 유해 폐기물에 대한 관리는 좀더 근원적이고 별도의 철저한 분리 수거 처리를 적용하고 있다. 일본 사회에서는 자국 내에서 안전하게 처리하기 곤란한 유해물질이 함유된 폐기물은 대부분 아시아의 저개발국에 분산 수출하는 정책을 취하고 있어서 국제 사회의 비난까지 받고 있지만, 자국민들의 건강을 보호하기 위해 혈안이 되어 있을 정도이다. 한국 사회가 유해 폐기물이 없는 사회로 진입하는 것은 아직도 요원하다.

3. 유기성 폐기물이 없는 사회(Zero Organic Waste Society)

사람의 생활이나 사업 활동에서 발생되는 다양한 폐기물 가운데 현행 폐기물관리법에서 구체적으로 다루지 못하고 있는 분야에 음식물 쓰레기와 분뇨와 같은 유기성 폐기물이 있다. 음식물 쓰레기는 썩으면 악취가 발생하고 지구 온난화를 일으키는 메탄을 비롯한 각종 대기오염물질을 방출한다. 대량의 음식물 쓰레기 직매립은 토양을 오염시켜 미생물을 죽이면서 죽은 땅으로 생명력을 잃게 한다. 음식물 쓰레기에서 흘러나온 침출수는 지표수뿐만 아니라 해양까지도 오염시키고 과도한 부영양화(富營養化)로 인해 바다 생태계를 교란시키기도 한다.

대량의 식량 생산을 위한 화학비료 생산과 공급 과정에서 대기오염물질, 토양오염물질, 그리고 수질오염물질이 결국 지속 가능한 농업 생산을 불가능하게 한다. 또한 과도한 육식으로 편중된 인간에게 공급하기 위한 대규모 축산업장에서 사육된 가축들의 분뇨가 과도한 부영양 물질을 집중적으로 배출하여 토양과 수질을 오염시키고 있다. 대규모의 상품 생산을 위해 수많은 유기성 폐기물을 배출하는 것 역시 결국은 폐기물의 문제라고 할 수 있다. 법적으로는 각기 대기오염물질, 토양오염물질, 수질오염물질 등으로 달리 관리되지만 통합적으로 모두 사람의 생활이나 사업 활동에서 필요하지 않게 된 물질들이다.

특히 유기성 폐기물은 과거 토양으로 회귀되어 농업 생산의 중요한 자원이었으나 산업사회에서는 오히려 토양과 수질을 오염시키는 주된 오염물질로 전락했다. 이와같이 대량 생산과 대량 소비, 그리고 대량 폐기라는 산업사회 구조 속에서 다양한 유기성 폐기물 배출이 없는 사회로 가는 것이 과연 가능할까? 어느새 대량 생산과 대량 소비라는 산업구조는 근본적으로 변화되고 있다. 다양한 소비 욕구에 따라서 양보다는 질을 중시하는 생산 구조가 적용되면서 대량의 쌀보다는 맛있고 깨끗한 유기농 쌀을 선호하게 되었음을 이제 부인하기는 어렵게 되었다. 그 결과, 유기성 폐기물은 이제 다시금 순환적 자원 이용 구조 속으로 재편입되기 시작했으며 관련된 시도들이 다각적으로 이루어지고 있다.

산업사회에서의 농축산업 위기가 과도한 화학물질 사용과 광우병에 대한 공포를 일으키고 이를 계기로 세계적인 환경농업에 대한 새로운 인식은 유기성 폐기물을 유기성 자원으로 재인식하게 하는 계기가 되었다. 석유자원의 고갈과 토양의 사막화 현상이 심화되고 있는 상황에서 각 국가들은 과거에는 존재했으나 잊어버렸던 전통적 농업 방식의 경험을 재해석하기 시작했으며 이에 관련된 새로운 시도들이 줄을 잇고 있다.

각 분야별로 큰 격차가 있겠으나 전반적으로 한국 사회뿐만 아니라 대부분의 국제 사회가 유기성 폐기물을 유기 자원으로 전환하는 길로 조금씩 들어서고 있다고 할 것이다. 그렇지만 아직 멀고 험난한 여정을 향해 가는 이 길에서 자원순환사회를 향한 국가와 시장의 혁신은 이미 다양하게 실천되고 있다.

제3절 자원순환사회를 향한 국가, 시장의 혁신

앞서 자원순환사회를 고형 폐기물이 없고, 유해 폐기물이 없으며 유기 폐기물이 없는 사회로 설명했다. 그 결과 한국 사회는 과거에 비해 고형 폐기물은 많이 줄였지만 유해 폐기물은 안전하게 관리조차 하지 못하고 있는 것으로 평가했다. 또한 한국 사회뿐만 아니라 대부분의 국제 사회가 유기 폐기물이 없는 사회로 가기에는 너무도 많은 과제를 극복해야 할 것으로 예시했다.

이와 같은 상황에도 불구하고 자원순환사회를 향한 국가와 시장에서의 혁신은 예상 밖으로 빠르게 진전되고 있다. 이에 다음에서는 공산권 붕괴 이후 새로운 경험을 체험한 쿠바 사태, 대표적인 다국적기업의 생산 방식 변화, 그리고 2002년 지속 가능한 발전을 위한 세계정상회의(WSSD)에서 제기된 주요한 사안들을 살펴보고자 한다.

1. 공산권 붕괴 이후, 쿠바 농업의 혁신

미국의 플로리다 주 해안에서 보일 정도로 미국의 코앞에 위치한 쿠바이지만 사회주의 공산 정권이 수립되면서 미국은 쿠바를 봉쇄하는 정책으로 일관했다. 그렇지만 쿠바는 아쉬울 것이 없었다. 미국의 봉쇄 이후에도 쿠바의 경제 활동은 소비에트 공산 진영 속에서 이루어져 왔었고 미국을 견제하기 위해 소련이 쿠바를 지원했던 물적 원조 기반은 쿠바가 중남미 국가들 가운데 가장 풍요로운 사회라고 할 정도였기 때문이다. 그러나 1989년 상황은 급반전되었다. 소비에트 공산 진영이 붕괴되고 소련으로부터 제공받았던 대량의 자원 공급은 일시에 중단되었으며 쿠바는 고립된 섬으로 전락했다.

쿠바의 대량 농업 생산기반 시설은 고도의 기계화된 장비와 화학비료에 의해 자본 집약적으로 이루어져 왔었는데 소비에트 진영의 붕괴는 모든 기계화된 시설을 고철로 만들어 버렸다. 석유 공급이 중단되면서 트랙터가 정지되었고, 더 이상 기계를 돌릴 수 있는 부품도 공급받을 수 없었으며 당연히 화학비료를 제공받을 수도 없었다. 고도의 산업화된 대량 생산 산업 구조가 일순간 원시 농촌사회로 탈바꿈된 것이다. 풍부했던 식량은 고갈되었으며 모든 부문에서 생산량은 급감했다. 이처럼 쿠바는 절대 절명의 위기 상황에 봉착했다. 전체 식량 소비량의 57% 이상을 수입에 의존했던 쿠바이기에 고립으로 인한 식량 부족 현상은 극도의 굶주림으로 나타났다.

그런데 1990년대 초 쿠바를 현지 조사했던 로셋(Peter Rosset)이 1994년 미국 ACLA 보고서에서 밝힌 바에 따르면, 다음과 같은 흥미로운 쿠바 농업 혁신 사례들을 찾아볼 수 있다.

〈사례 1〉 쿠바의 순환농업

모든 자원이 고갈된 상태에서 쿠바에게 남아 있는 것은 인적 자원밖에는 없었다. 전체 인구 규모로는 라틴아메리카 인구의 2%밖에 안 되지만, 상대적으로 많은 과학자와 높은 수준의 연구 인력(11%)을 확보하고 있었던 쿠바이기에 다양한 실험적 대안들이 적극적으로 개발되고 실천될 수 있었는데 그것은 바로 생존을 위한 농업혁명이었다. 석유로 움직이는 트랙터 대신에 소를 다시 경작에 투입했는데 어떻게 소를 다루어야 할지 몰라서 늙은 농부의 가르침을 다시 얻어야 했을 정도였다고 한다. 또한 도시와 농촌에서 발생되는 모든 쓰레기는 더 이상 버릴 것이 없었으며 모두 요긴하게 사용되는 중요한 자원이 되었고, 화학비료 대신에 양질의 퇴비를 양산하기 위해 지렁이를 사육하는 센터들이 각 지역에 설치되었으며, 음식물 쓰레기는 중요한 돼지 사료로 사용되었다.

가축 분뇨와 버려진 사탕수수대를 주된 원료로 만들어진 유기성 축분 비료는 토양의 지력(地力)을 지속적으로 살려 내었으며, 화학 살충제가 없었기에 각종 곤충들에서 천적을 찾아내어 해충들을 박멸하는 방법을 개발했다. 타율적 조건에 의해 불가피하게 시작된 대규모의 유기농업이 국가 단위에서 적용되어 개발된 특이한 혁신 사례가 쿠바 사회에서 일어난 것이다. 그럼에도 불구하고 충분하게 농업 생산량이 증가되지는 않았는데 그 근본적 이유는 국영 농장이 지니고 있는 한계에서 비롯되었다. 과거와 같은 상황에서는 상상할 수 없었겠지만 위기의 상황에서 쿠바 정부는 과감한 개혁을 시행했는데 그것은 1993년의 국영농장 폐쇄와 UBPCs의 도입이었다. UBPCs는 '협동생산의 기본 단위(Basic Units of Cooperative Production)'라고 하는데, 이는 다음과 같은 특성을 지니고 있다.

우선 과거의 국영 농장에서는 대규모의 생산이 관료적 조직으로 이루어졌고 생산성과 개인 분배가 연계되지 않아 단위별 생산량이 상대적으로 낮을 수밖에 없었다고 한다. 그러나 UBPCs는 약 14명 정도의 팀원(마치 우리 나라 전통의 두레 방식과 유사함)을 단위로 지역별·농지별로 다양하게 구성할 수 있도록 하여, 소량의 다품종 생산 방식이지만 각 지역별 토지별 특성에 맞추어 최적의 생산 방법이 적용되었다. 특히 국영 농장과는 달리 각 UBPCs의 팀에게는 생산된 곡식 및 농산물을 직접 판매하거나 소비할 수 있는 권한을 부여하여 각 UBPCs 사이에는 그 귀속 소유물에 차이가 발생하게 되었고 전체적으로는 생산량이 급증하게 되는 성과를 가져오게 되었다고 한다.

또한 쿠바 농업혁명 과정에서는 폐쇄 국가인 쿠바에서는 보기 힘든 NGO의 놀라운 역할이 있었는데 그것은 바로 The Organic Farming Association이라고 한다. 쿠바의 대안농업을 성공적으로 이끌었으며 그 과정에서 대학교수를 비롯한 전문가, 그리고 학생들이 생태 농업 활동가로 나섰고, 지방 단위의 공공조직과 농업인들이 함께 협력하여 지식을 집약화함으로써 이룬 그 역할들은 대단히 놀라운 것이었다고 로셋은 밝히고 있다. 또한 쿠바에서의 유기농업 혁신 사례는 가히 혁명적이었는데 이는 자본집약적 산업사회 농업산업이 지식집약적 유기농업으로 전환되는 중요한 계기가 되기에 충분하다고 피력했다. 이와 관련하여 이 연구에서는 제2편 사례연구(남북한 환경공동체)에서 우리 사회와 관련하여 그 내용을 좀더 적실성 있게 제시하고 있다.

2. 다국적 기업들의 생산 방식 변화

쿠바의 농업혁신 사례는 사회주의권에서 예상치 못한 위기적 상황에서 우연히 선택된 성공 사례라고 할 수 있다. 대량의 석유자원을 투입한 생산 방식과 집단적으로 통제된 사회에서의 농업산업이 화석 연료가 고갈되면서 일순간 붕괴되는 상황을 극명하게 보여 주었던 좋은 예이다. 결국 국가의 고정된 틀 속에서 안주할 수 없는 시장의 빠른 변화는 더 이상 기업들로 하여금 과거의 경험에 의존할 수 없도록 새로운 도전을 요구하고 있다. 같은 맥락에서 시장 경제를 옹호하며 시장의 논리에 가장 민감하게 적응하는 이른바 세계적인 다국적 기업들은 이미 생산 → 소비 → 폐기의 단선 구조를 벗어나 폐기물이 발생하지 않는 생산과 판매 구조를 형성하고 있다. 앞서의 쿠바 사례가 사회주의권 농업 생산에 대한 자원순환사회로의 변화였다면 다음에 살펴볼 다국적 기업들의 생산 방식 변화는 자본주의적 공업 생산에서의 자원순환사회로의 변화를 예시하는 것이라고 하겠다.

〈사례 2〉 다국적 기업들의 순환생산

이른바 앞서 가는 다국적 기업들은 폐기물에 대해 생산의 불가피한 결과물로 보지 않는 새로운 인식을 받아들이고 있다. 즉 폐기물의 발생은 생산의 비효율성의 결과물로 인식하고 있다는 것이다. 미국의 캘리포니아에 위치한 컴퓨터 및 프린터 제조 회사인 HP는 폐기물의 발생량을 과거에 비해 95% 이상 줄임으로써 한 해 동안 약 87만 달러를 절감했고, 오리건 주에 위치한 엡슨(Epson) 사는 폐기물 감량으로 연간 30만 달러를 절약했다고 한다. 그러나 가장 대표적인 회사는 역시 제록스(Xerox) 사를 예로 들어야 할 것이다. 한때 치열한 복사기 시장에서 고전을 면치 못했던 제록스 사는 1990년대 중반부터 새로운 시도를 하게 되었다. 그것은 고형 폐기물, 유해 폐기물, 그리고 오염물질 배출이 없는 생산 구조와 판매 구조를 동시에 추구해 나가는 방식이었다.

제록스 사는 복사기를 생산하고 판매하는 기능을 넘어서 새로운 마케팅 방식을 채택했다. 이른바 복사기를 빌려 주는, 즉 복사기 임대 회사로 전환했기 때문이다. 복사기를 사용한 후 기계가 노후화되면 토너를 비롯한 각종 유해 폐기물이 포함된 처리 곤란한 커다란 고철덩이가 배출되는데 사용자들은 폐복사기 처리의 어려움을 토로했다. 제록스 사는 이에 착안, 복사기를 생산·판매하는 기능에서 복사기를 임대하는 기능으로 전환, 지속적으로 고객을 확보할 수 있도록 했다. 또한 기계를 임대하고 관리해 주기 때문에 구형화된 부품은 쉽게 교체할 수 있도록 하고, 다 사용된 토너 등의 소모품은 일괄 회수해 다시 사용할 수 있도록 근본적으로 복사기 생산 설계를 다시 하게 되었다. 이와 같은 과정에서 제록스 사는 폐기물의 발생 자체를 근본적으로 차단할 수 있게 됨과 동시에 소비시장을 지속적으로 확보하는 일거양득의 효과를 얻을 수 있게 되었다. 뉴욕 주에 위치한 제록스 공장에서 자원 순환형 생산 방식을 통해 한 해 동안 얻은 수익은 약 4,500만 달러에 달한다고 한다.

이미 치열한 시장 경쟁 구조 속에서 폐기물을 대량으로 배출하는 기업은 도태될 수밖에 없는 구조로 전환되고 있으며, 생산과 소비 과정에서 폐기물이 발생할 수밖에 없다는 논리는 구식의 논리로 치부될 수밖에 없는 것이 현실이다. EU국가들에서 시작된 생산자책임재활용제(Extended Producer Responsibility)는 생산자가 상품의 회수와 재활용 책임을 함께 부과함으로써 폐기물의 발생을 생산 단계에서 근본적으로 제어하는 정책을 실행하고 있다. 한국 사회에서도 이와 같은 생산자책임재활용 제도는 정부와 기업 간의 자발적 협약에 의해 부분적으로 시행되고 있으며 더 이상 피해갈 수 없는 세계적인 흐름으로 자리잡고 있다.

특히 각 기업들의 친환경성을 평가하는 다양한 지표들이 개발되고 있다. 자원을 적게 소비하고 순환형 구조를 채택함으로써 생산의 효율성을 높이는 기업에 대해서는 투자자들이 우선적으로 투자할 수 있도록 유도하지만 반대로 그렇지 못한 기업에 대해서는 투자금을 회수하는 현상이 나타나고 있다. 더욱이 각종 대규모의 연기금 등의 큰손 투자자들은 이와 같은 기업의 환경성 지표들에 따라서 주식 시장에서 투자 여부를 결정하는 데 중요한 영향을 받게 되고, 기업은 새로운 시장의 논리에 순응할 수밖에 없는 구조가 점차 가시화되고 있는 실정이다.

3. 자원순환사회를 향한 세계정상회의(WSSD) 실천계획

1992년 리우에서 개최된 UN환경개발회의(UNCED)에서는 지구촌의 새로운 21세기 방향으로 아젠다 21(Agenda 21)을 제시한 바 있다. 이후 10년이 지난 이른바, Rio+10이라고 일컬어지는 2002년도에 개최된 지속 가능한 발전을 위한 세계정상회의(WSSD)에서는 지속 가능한 발전을 위한 이른바 자원순환사회를 향한 다음과 같은 실천계획(Plan of Implementation)을 제시했다.

〈사례 3〉 지속 가능한 발전을 위한 세계정상회의
지속 가능한 발전을 위한 세계정상회의(WSSD)에서 채택된 실천계획 제3장의 '비지속적인 소비 및 생산 패턴의 변화(Changing Unsustainable Patterns of Consumption and Production)'에서는 지구촌의 자원순환사회를 위해 생산 및 소비 방식의 근본적 변화를 요구하고 있는데 정부, 국제 기구, 민간 분야 및 모든 주요 단체들의 적극적 역할을 명시했다. 자원 및 생산 공정의 이용시에 효율성 및 지속성 개선과 자원 사용의 절감을 제시하고, 오염 및 폐기물의 감소를 통해 경제 성장과 환경 악화에 대처하면서 경제와 환경의 선순환을 이루어 생태계의 수용력 내에서의 사회적 경제적 발전을 추구해 나갈 것을 요구했다. 이와 같은 지속 가능한 소비와 생산이라는 자원순환사회 구축을 노력하는 지역 및 국가 이니셔티브를 지지하여 10년 기간의 프로그램 틀의 개발을 장려하고 증진할 것을 명시했다. 또한 세계의 환경 악화에 크고 작은 책임이 있는 각 국가들에게 자원에 관련된 다음과 같은 실천 사항을 요구하기도 했다. 즉 자원의 효율성을 개선하기 위해 정부 당국 및 모든 이해관계자의 참여를 통해 폐기물을 방지하고 최소화하며, 재사용과 재활용 그리고 환경친화적 대체 원료의 이용을 극대화할 것을 명시했다. 이를 구체화하는 방안으로 재활용 소비재 및 생물 분해성 상품의 생산을 장려하고 필수적 인프라를 개발함으로써 폐기물 방지 및 최소화를 증진하도록 하고 있다. 국제 무역의 특정 유해 화학제품 및 살충제에 대한 사전 통고 승인을 규정한 로테르담협약과 잔류성 유기오염물질에 대한 스톡홀름협약을 발효하도록 촉구했으며 화학제품 및 유해 폐기물에 대한 관련 국제 수단의 비준 및 이행을 증진시키고 조정뿐만 아니라 개발도상국의 실천을 위한 지원책도 제시하고 있다. 그리고 화학제품 안전에 관한 정부간 포럼(IFCS)의 활동을 위한 바이아 선언 및 우선순위를 기반으로 국제화학 제품 관리에 대한 전략적 접근법을 추가적으로 개발하고 화학제품 관리를 다루는 UNEP, 화학제품 안전에 관한 정

부간 포럼 및 국제기구와의 협력을 긴밀히 하는 방안도 명시하고 있다.

유해 폐기물의 국경간 이동을 통제하는 바젤협약과 같은 관련 국제협약에 따라서 유해화학물질 및 유해폐기물의 불법적 국제 거래를 방지하고 이를 방지하는 방안도 제시하고 있다. 이와 아울러 국가 오염물질 발표 및 이전 등록과 같은 화학제품에 대한 통합적 정보 개발도 촉구하고 있다.

중국 상하이(上海) 남부의 타이저우(台州) 지역에서 일본과 미국, 유럽 등 선진 개발국에서 불법으로 수입되어 재처리되고 있는 전자폐기물 중간 적치장에서 농부 출신의 안후이성(安徽省) 여성 근로자가 자신의 작업을 설명하고 있는 현장.

산업사회의 중심지가 유럽에서 미국으로 이동되기 시작한 20세기 초, 뉴욕 시에서는 자원 재활용을 위한 체계를 상당 부분 완비했던 경험이 있다. 그러나 정작 100여년이 지난 오늘날의 뉴욕 시에서는 자원순환 노력이 대부분 사라지고 무분별한 매립 중심의 자원폐기형 산업사회의 모순에 더욱 심각하게 빠져들고 있다 (1910년대 뉴욕 시의 재활용품 수거 마차, 뉴욕 시 위생국 자료).

농업사회에서 산업사회로 급속히 변화된 중국은 심각한 빈부 격차, 각종 오염 문제와 쓰레기 문제로 어려운 상황에 처해 있다. 왼쪽 사진은 중국 내륙 지방의 오염된 호수 주변에서 쓰레기 더미를 뒤지며 쓸모있는 자원을 찾아내어 생계를 이어가고 있는 빈곤한 중국인 농부의 모습이다. 오른쪽 사진은 대도시의 번화한 베이징 거리에서 우천시 심각한 대기오염으로 인해 심하게 산성화된 빗물의 모습이 눈으로도 확인할 정도에 처해 있음을 보여 주고 있다.

제 3 장

자원순환사회를 향한 시민운동

쓰레기 매립과 소각에 반대했던 시민사회의 노력은 1995년 쓰레기 종량제로 제도화되었다. 쓰레기를 버리는 만큼 돈을 직접 지불하는 쓰레기 종량제의 실시 이후, 무료 수거되는 많은 재활용 자원이 급증하게 되었다. 초기에는 재활용 자원의 수급 상황이 여의치 않아서 폐지해야 한다는 주장도 거세었으나 1997년 경제 위기 상황에서 쓰레기 종량제는 오히려 그 진가를 발휘하게 된다. 달러가격이 급등하면서 자원 수입 가격이 폭등했고 순환사회의 필요성은 절실했으며 그 동안 적체되었던 재활용 자원은 외환 위기를 극복하고 수입 자원을 대체하는 데 큰 공헌을 했다. 사진은 서울의 재활용 자원 중간 보관 장소.

제1절 산업화와 폐기물 문제

1. 한국 사회의 폐기물 관리

폐기물이 없는 사회, 즉 자원순환사회를 추구하면서 국가와 시장은 과연 어떤 역할을 했을까? 제1장에서 살펴본 바와 같이 국가와 시장의 역할은 산업사회를 기준으로 볼 때, 그 이전(농업사회)과 이후(정보사회)가 근본적으로 다른 구조적 변화를 경험하고 있다. 농업사회에서는 폐기물이라는 용어 자체가 생소할 정도여서 자원 부족 상태로 인한 낮은 수준의 자원순환사회가 형성되어 있었고, 이에 대한 국가정부나 시장기업의 역할은 극히 한정된 수준에 머물렀다. 그러나 산업사회에서의 폐기물 문제는 그 구조상 막대한 규모의 자원을 동원하고 투입하여 대량의 기계적 생산과 소비의 성격을 띠었고, 그 결과 막대한 양의 자원을 폐기함으로써 폐기물의 문제는 심각한 사회적 문제로 제기되었다.

그러나 정부와 기업은 서로 다른 논리에서 폐기물의 사회적 문제점을 회피하려는 경향이 있었다. 우선 정부는 시민들로부터 세금을 징수하는 과정에서 폐기물 문제를 원천적으로 해소하기보다는 폐기물을 좀더 효율적으로 처리하는 데 초점을 맞추고 있었다. 시민들의 소비 행위로 폐기물이 발생했으니 정부는 더 많은 세금을 거두어 폐기물 문제를 잘 관리하고 처리하면 된다는 논리에 입각해 있었기 때문이다. 또한 기업은 자신들은 생산자이고 좀더 능률적으로 상품을 생산해 자원이 얼마나 폐기되는가에 관계 없이 시장에서 값싸게 상품을 소비자에게 판매하면 더 높은 이익을 창출할 수 있다는 논리에 따라서 행동했다. 정부는 시민들로부터 더 많은 세금을 징수하는 근거로서, 기업은 더 낮은 가격으로 시장에서 상품을 판매하기 위한 사적이익 극대화 논리에서 폐기물의 근본적 문제를 외면하고 있었던 것이다.

이와 같은 국가정부의 논리와 시장기업의 논리에 대해 문제를 제기한 것은 시민과 소비자였다. 물론 시민과 소비자는 보는 관점에 따라서는 유형별로 구분될 수 있겠으나 본질적으로는 중복된 행동자이고 이들은 공통의 시각에서 산업사회의 정부, 기업들이 지니고 있었던 폐기물에 대한 논리를 반박하기 시작했다. 과도기적인 산업사회에서 정부와 기업의 구조를 비판하고 그들에 대한 구조적 변화를 촉구하면서 산업사회는 한 차원 높은 방향성으로 진보하기 시작했고 이 과정에 시민들의 역할은 새롭게 부각되는 측면이 강했다. 이 과정에서 정보사회는 이전의 농업사회는 달리 풍요롭지만 스스로 제어하는 높은 수준의 자원순환사회로의 발전을 모색하는데 이론적·기술적 지원을 제공할 수 있게 되었다. 이와 같은 배경에서 한국 사회에서의 폐기물 관리 문제는 어떤 방향으로 진전되었으며, 그 과정에서 시민들은 어떤 역할을 했는가를 살펴보고자 한다.

2. 산업화 이전의 폐기물 관리

조선 시대의 현철(賢哲) 박제가(朴齊家, 1750-1805)는 그의 저서『북학의(北學議)』에서 당시의 폐기물 문제를 다음과 같이 개탄했다. "재를 모두 길에다 버려서 바람이 조금만 불어도 눈을 뜰 수가 없다(중략). 한양 성 안에는 한 해 동안의 재만도 몇 만 섬이나 되는지 모를 지경이다. 그것을 죄다 버리고 이용하지 않는 바 이것은 몇 만 섬의 곡식을 버리는 것과 다를 바 없다."

지금으로부터 약 200여 년 전에 저술된『북학의』에 기록된 대목에서 현대를 사는 우리들이 고민하고 반성해야 할 부분을 찾아볼 수 있는 것은 온고이지신(溫故而知新)의 말뜻을 되새길 수 있는 신선한 대목이기도 하다. 조선 시대라는 농업사회의 가장 대표적 폐기물이었던 재에 대해 실학자 박제가가 평한 것은 "버리면 오염물질로 사람들의 건강을 해치는 물질로 전락하는 폐기물이지만 그것이 올바르게 재활용된다면 농업 생산력을 높이는 귀중한 자원이 될 수 있다"는 주장인 것이다. 산업사회를 거쳐 정보사회로 진입하는 현재의 우리에게도 박제가의 주장은 참으로 공감할 수 있는 부분이 많다. 여하튼 그 후의 200여년은 불행하게도 우리 나라뿐만 아니라 동아시아 대부분 지역이 문명적 암흑기로 빠져들었고 지구촌의 반대편 서구를 중심으로 개화된 산업 발달은 폐기물을 비롯한 다양한 환경 문제를 발생시켰다.

산업문명과 양적으로 비례하면서 마치 문명의 어두운 그림자처럼 화려한 산업문명의 뒷그늘에서 문명이 성장할수록 폐기물의 양은 쌓여만 갔다. 서구의 산업문명을 먼저 습득하기 시작한 일본은 과거 한국으로부터 문명을 전달받는 입장에서 벗어나 19세기 말 20세기 초부터는 한국에 서구의 산업문명을 전달하는 역할을 강압적으로 담당하게 되었는데 이는 폐기물 관리에서도 예외는 아니었다. 20세기 초 한국의 절대군주 시대가 허물어져 가고 있던 시점인 1907년에는 지금의 서울이었던 한성에 한성위생부가 설치되면서 오물 수거 업무를 개시했다고 한다. 그러나 당시의 업무 처리는 매우 단순해서 일반 생활폐기물을 하천이나 도시 외곽에 버리는 정도였다.

일본제국주의 강점기였던 1945년까지 한성위생부는 서울특별시의 전신인 한성부의 위생계로 대체되어 폐기물의 가집하장을 설치하여 이를 도시 외곽으로 운반하여 매립했는데 대부분 공터 아무 곳에나 쓰레기를 버리는 것이 일반화되어 있었다(손영배, 1997: 200-210).

3. 초기 산업화 과정에서의 폐기물 관리: 1950~70년대

1945년 일본제국주의의 패망과 한국의 독립 이후, 1950년대의 폐기물 관리는 주로 도시 지역에서의 분뇨 처리가 그 주된 관심 대상이었다.

1951년 3월에 한국전 과정에서 서울이 북한군으로부터 수복된 이후, 서울시에서는 파괴된 모든 시설을 청소하기 위해 KCAC(한국 민사 원조처)에 의뢰하여 청소차 20대를 확보했고, 보건환경국 위생과에서는 대로변을 비롯한 서울 중심 지역의 공공 청소를 담당했으며, 진개·분뇨의 수거 및 처리 모두 위탁대행제로 운영되었다고 한다. 따라서 1951년은 지방자치단체 청소 서비스의 위탁대행업이 시작된 시점이라고 볼 수 있다.

한편 1953년 12월에는 청소행정사무가 경찰국의 보안과로 이관되어 이곳에서 공공 청소 관리가 행해졌는데, 당시 청소차는 FAO 자금에 의해 1955년 8월까지 60대가 인수되어 서울시내에서는 청소차 81대, 분뇨차 61대가 작업하게 되었다. 그리고 1957년에는 서울특별시 오물 수거 수수료 징수 조례가 제정되었으며, 1960년까지는 주로 학생들이 동원되어 각 지역을 청소하는 경우가 많았다고 하며, 전후 처리가 완료되면서 공공 청소 업무의 관리 담당 부서도 서울시 경찰국에서 서울시 사회국으로 이전되었다(『한국의 환경50년사』).

1960년대에는 도시화·산업화가 시작되었고 화학비료가 퇴비를 대체하게 되자 쓰레기 문제가 급격하게 발생하기 시작했다. 이 시기에는 환경 보전보다는 분뇨·생활쓰레기 등 오물로 인한 위생적 관점에서 생활환경 피해를 방지하기 위해서 이들 물질을 도시 지역 근교의 일정 매립지에 빠른 시간 내에 운반해 매립 처분하는 것이 주요 폐기물 관리정책의 목표였다. 이와 같은 취지에서 1961년 오물청소법이 제정되었고, 서울시는 1962년 청소국을 신설하여 본격적인 폐기물 관리행정을 시작하게 되었다.

오물청소법의 주요 내용은 서울특별시 및 시내의 관할 구역을 지정, 오물을 수집함에 넣어서 배출하고 조례로 수거료를 징수할 수 있도록 했다. 또한 토지 또는 건물 내에서 생기는 오물 청소, 변소 및 오염 용기를 설치, 정비하여 위생적으로 관리할 의무를 부과하는 등 기본적인 사항들을 규정하기도 했다. 이 시기에는 서울의 한강 하류에 위치한 난지도에 쓰레기 처리장을 확보하여 서울시 전체 쓰레기를 한 곳으로 모아 처리하는 방식을 도입하기 시작했으나 위생매립지 수준은 되지 못하고 단순 매립 정도였다고 하겠다.

한편 당시에도 외국으로부터 자원을 수입하는 양을 줄이고 외화(外貨)를 절약하기 위해 물자 절약 운동을 통한 재활용 계획도 추진되기 시작했다.

4. 중기 산업화 과정에서의 폐기물 관리: 1980년대

1980년대 들어와서는 쓰레기 자율 수거·분리 수거 등이 실시되었고, 대량 생산·대량 소비 단계를 맞이하게 되면서 폐기물 문제가 심각한 사회 문제로 본격적으로 대두하기 시작했다. 특히 1988년 서울 올림픽 개최를 앞두고 중앙정부에서도 이에 대한 관심을 적극적으로 표명하게 되었으며, 환경 법률 가운데 가장 먼저 단일법 체제인 폐기물관리법을 1986년에 제정 공표하게 되었다. 폐기물관리법이 1987년 4월 1일부터 시행됨으로써 단순 청소 개념에서 탈피하여 폐기물의 발생, 수거, 재생, 소각, 매립 등 모든 처리 과정을 체계적이고 전문적으로 관리할 수 있세 되었다.

서울시에서도 폐기물 관리를 시급한 문제로 인식하고 폐기물 처리 방법의 변화를 꾀해 소각장의 건설을 시도하게 되었다. 또한 난지도 매립장의 수용 능력이 1991년에 한계에 도달하게 됨에 따라 1989년부터 김포 지역에 630여만 평의 매립장을 건설하게 된다. 한편 1986년 제정된 폐기물관리법은 종전의 오물청소법의 내용과 환경보전법상의 산업폐기물 관리 부분을 합해 폐기물 전반을 다루는 하나의 독립된 폐기물관리법이었으나 그 이후에 더욱 급속한 경제 성장 및 생활 수준의 향상으로 폐기물 관리 문제가 더욱 심각해짐에 따라 1991년 3월에는 폐기물관리법을 전면적으로 개정하게 되었다. 즉 오수, 분뇨, 축산 폐기물의 관리를 따로 떼어내어 '오수 분뇨 및 축산 폐수의 처리에 관한 법률'을 제정하고, 폐기물관리법에서는 폐기물의 처리에 관한 사항을 전문적으로 다루면서 폐기물 관리 체계를 대폭 변환했다.

폐기물의 분류 체계를 생활폐기물과 산업폐기물에서 일반폐기물과 특정폐기물로 전환하여 폐기물을 그 성상을 기준으로 개편했으며, 폐기물의 재활용의 장을 따로 두어 폐기물의 재활용과 감량화에 관한 사항을 강조했다. 이 밖에도 폐기물 회수 처리비 예치금 제도와 폐기물 매립지 사후관리 제도를 새로이 도입했다.

제 2 절 폐기물 매립 및 소각정책에 대한 시민저항운동

전후 한국 사회는 농업사회에서 산업사회로 급속히 전환되었던 시기이다.[1] 특히 1990년대 한국 사회는 서울올림픽 이후, 반도체 산업을 중심으로 재편되기 시작한 본격적인 후기 산업화 과정에 진입했고, 시민들의 새로운 의식은 강화되었으며 그 의식은 폐기물 관리 분야에서도 이전에 볼 수 없었던 새로운 시민운동으로 전개되면서, 기존의 정부정책과 커다란 대립각을 세우기 시작했다.

1) 자유주의와 사회주의의 이데올로기적 충돌 속에서 국가는 분열되고 세계적인 냉전 체제 속에서 남북한 이데올로기 투쟁은 민족의 위기적 상황을 전쟁으로까지 치닫게 했다. 결국 휴전선을 사이에 두고 서울정부와 평양정부는 서로 다른 방식의 국가 발전을 주도했으며 이는 1950년대부터 1980년대까지 전후 1세대를 중심으로 행해졌다. 한반도 남쪽에는 대한민국, 북쪽에는 조선인민민주의공화국이 산업사회를 향해 매진했다. 상대적인 차이겠으나 대한민국의 정부는 개인의 자유와 소유권을 강조하고 개방화된 사회로, 조선인민민주주의공화국은 사회의 평등과 분배를 우선하면서 폐쇄화된 사회로 바뀌어 갔다. 그 결과, 남한정부에는 오랜 기간 존속되었던 군사정부가 해체되기 시작했고, 시민들의 인권과 자유에 대한 강한 의식은 마침내 1987년 6월 시민혁명으로 연결되었다고 평가된다.

1. 매립 처리 중심 정책에 대한 시민의 저항

앞서 언급한 바와 같이 1961년 제정된 '오물청소법'과는 근본적으로 차이가 있는 과학적 폐기물 관리의 제도적 기초가 1980년대 후반 설정되었다. 이른바 1986년 제정된 '폐기물관리법'이 바로 그것이다. 최초의 독립된 폐기물 관련법에 근거하여 정부는 급격히 증대하는 폐기물량의 처리를 위한 위생매립지의 건설과 공급에 주력했다. 그 결과의 하나로 1990년대 초 수도권 지역의 폐기물 처리를 위한 수도권 위생 매립지 등이 건설되었으며 각 지역에서도 광역 위생매립지의 건설이 계속되었다. 특히 수도권 매립지는 약 2,000만 명의 수도권 시민들이 배출하는 폐기물을 반입 계측할 수 있는 시설이 갖추어져 언제, 어떤 지역에서 얼마만큼의 폐기물이 매립 처리되었는가에 대한 정확한 실측 통계값을 제공할 수 있었다. 우리 나라 폐기물 관리정책은 바로 수도권 매립지의 건설과 함께 여기에서 제공되는 정확한 폐기물 통계에 의해 1990년대 본격적인 폐기물 관리정책의 변동을 경험하게 되고 급진적인 발전을 경험하게 되었다.

매립 처리 중심의 폐기물 정책은 매립지 인근 지역 주민들의 강력한 반발과 매립지 건설 및 운영상의 난맥으로 한계가 드러났다. 이 과정에서 각 지역에서는 정부와 지방자치단체들의 매립지 건설사업에 대항한 지역 주민들의 반대 운동이 있었으며, 정부는 이를 주민들의 지역이기주의라고 지칭했고 주민들은 정부의 밀어붙이기식 정책이라고 비판했다. 위생매립지 건설과 운영이 한계에 봉착하면서 비슷한 시기에 정부는 자원 재활용 쪽으로 정책의 무게 중심추를 옮기는 노력을 했다. 즉 폐기물의 분리 배출을 의무화했으며 제도적으로 이를 뒷받침하기 위해 1991년 '폐기물관리법'을 개정하고, 1992년 '자원의 절약과 재활용 촉진에 관한 법률'을 통해 폐기물예치금제, 폐기물부담금제를 보완하는 등 쓰레기 재활용운동의 제도화에 노력했다.

2. 소각 처리 중심 정책에 대한 시민의 저항

대규모 매립지의 건설에서와는 달리 재활용운동은 대다수 시민들의 적극적 참여와 언론매체 등의 협조로 괄목할 만한 성과를 거두었다(관련 제도: 1991년도 폐기물관리법 전문 개정, 1992년도 자원의 절약과 재활용 촉진에 관한 법). 그러나 취약한 재생산업 구조의 한계성이 나타났고 배출된 재활용 가능품이 일반 자원시장 속에서 적정한 수요와 공급의 균형을 이루지 못한 결과, 재활용 정책은 지속되지 못했으며, 정부와 시민 상호간의 불신감이 팽배하게 되는 문제점도 발생했다. 결국 매립처리시설의 공급에 뒤이어 정부의 소각처리시설 공급계획이 적극화되기 시작했다. 특히 재활용정책은 자원시장의 구조적 한계성으로 그 성과가 정체 상태에 이르게 되었으며, 정부는 대형 소각장 건설을 본격화했다(관련 제도: 1995년도 폐기물처리시설 촉진 및 주변 지역 지원 등에 관한 법률).

서울특별시의 상계소각장 건설과 군포시 산본소각장 건설 등은 정부의 확고한 건설 의지와 지방자치단체의 지속적 집행 의지에도 불구하고 그 성과는 크지 않았다. 더욱이 1994년 목동, 상계동 지역 주민들과 군포시 시민들의 강력한 소각장 반대운동은 절정을 이루었으며, 그 결과 폐기물 소각 처리에 관한 타당성이 사회적 문제 이슈로 부각되었고, 다이옥신(dioxine) 등에 관한 유해물질(toxic substances) 논쟁으로 소각 중심의 폐기물 처리정책은 표류했다.

3. 시민저항운동의 의미

1990년대 초의 상황은 한국의 개방화와 민주화가 동시에 일어났던 시기이다. 오랜 기간 동안 지속되어 왔던 군부독재가 종식되고 1988년 서울올림픽을 계기로 한국이 본격적으로 개방화되었던 시기이다. 산업화는 중기 단계를 넘어서 후기 산업화로 진입했고, 수출과 수입이 동시에 증대되면서 시민들의 소득이 양적으로 증대되면서 더 많은 자원이 대량으로 유입되고 동시에 폐기되는 이른바 일회용 상품이 범람하는 시기였다. 결국 급증하는 폐기물의 문제는 단순한 정부의 처리 과제 수준을 넘어서서 사회적인 이슈가 되었고, 그 폐기물을 처리하기 위해 정부는 더 많은 세금을 징수하여 매립지와 소각장을 더 공급하는 이른바 폐기물 처리시설의 공급 위주 정책을 시행하고자 했다.

그러나 이에 대해 당시의 정부는 예상치 못했던 시민들의 강력한 저항에 부딪치게 된다. 과거 산업화 초기에서는 정부가 재원이 부족하여 시설을 건설하지 못했는데 산업화 후기에는 재원은 있어도 시민들의 반대로 자원을 폐기하는 시설을 건설하기가 어렵게 된 것이다. 이와같이 변화된 사회에서 정부는 시민들이 자원 재활용에 대해서는 상당 부분 적극적인 지원과 참여를 하고 있음을 발견하게 되었다.

그러나 자원 재활용에는 정부가 세금을 더 거두어야 할 근거가 희박하여 지는 정책적 딜레마가 있다. 대규모의 매립지와 대규모의 소각장을 건설하는 부분에는 막대한 정부 재정이 소요되고 이를 위해서 정부는 시민들로부터 더 많은 세금을 징수할 당위성을 갖게 된다. 또한 시장의 논리에서 기업은 생산자로서 더 많은 상품을 값싸게 생산해야 하는데 자원 재활용은 결국 생산자에게 그 부담이 되돌아올 수밖에 없는 구조를 만들게 되어 이를 기피하는 로비를 할 수밖에 없었다. 그러나 이전에 볼 수 없었던 강력한 시민들의 저항은 정부의 대규모 자원 폐기화 시설의 건설 의지를 무력화시켰고, 기업에게는 재활용을 통해 시장에서 생산자 주도형의 구조를 소비자 주도형의 구조로 전환시키는 변화를 일으키게 된 것이다.

제 3 절 쓰레기 종량제의 등장과 폐지 위기

1. 자원 재활용 시민운동과 쓰레기 종량제

1994년을 정점으로 소각장을 둘러싼 갈등적 상황에서 정부는 폐기물의 수거 과정에서 징수하는 수거 수수료 체계를 근본적으로 개편하는 작업을 준비했다. 즉 재산세 부과 기준에 근거한 폐기물 수거 수수료를 각 가정과 사업장(발생원)에서 배출하는 폐기물의 양에 따라서 비용을 지불하는 방식으로 전환했다. 또한 재활용 가능 품목은 '분리 배출 · 무료 수거'함으로써 자원 재활용 중심의 정책을 재차 보완하는 기능도 강화했다. 종량제의 시행에는 경제적 형평성의 문제와 시민들의 프라이버시(privacy) 문제 등이 있었으나 환경적 공익성을 우선해야 한다는 인식이 확산됨으로써 적극적으로 시행되었다. 1995년 전국을 대상으로 동시에 실시된 쓰레기 종량제는 시민들의 적극적 참여로 다소간의 혼란은 있었지만 매립지 건설과 소각장 건설에서 나타났던 것과 같은 심각한 갈등은 나타나지 않았다.

쓰레기 종량제는 결국 "자원을 폐기하려면 돈을 지불하라"는 내용을 담고 있다. 이는 과도기적 산업사회에서 대량으로 배출되었던 폐기물에 대해 당연하게 지니고 있었던 상식을 깨는 제도였다. 버려진 자원을 다시 자원으로 회생시키는 재활용에 대해서는 비용을 지불하지 않는 반면, 자원을 소각 · 매립 처리하는 폐기하는 부분에 대해서는 비용을 지불하는 제도는 이전의 산업사회에서는 적용되기 어려웠다. 그러나 1980년대 말 민주화와 개방화 속에서 성숙화되었던 시민들의 의식은 환경 NGO들의 역학과 함께 강력한 운동으로 결집되면서, 정부와 기업의 논리적 틀을 깨고 소각장과 매립지 건설보다는 쓰레기 종량제를 택하게 된 것

이다.[2)]

2. 쓰레기 종량제 폐지론

쓰레기 종량제의 시행 과정이 순탄한 것만은 아니었다. 1995년 전국적으로 실시된 쓰레기 종량제는 아직 산업사회의 자원 폐기형 구조를 극복하기에 역부족인 측면이 많았다. 시민들은 쓰레기를 분리 배출하는 어려움을 겪으면서도 이것이 환경적으로 올바른 행위일 것으로 생각하여 적극적으로 참여했다. 그러나 당시의 상황은 재활용 자원으로 배출된 폐지, 병, 캔 등 어느 것도 제대로 재활용되기 어려운 실정이었다. 재활용 자원으로 모여졌으나 이를 가져다가 자원으로 재활용할 고물상도 없었고 기업도 없었기에 적환장에는 이와 같은 폐자원이 적체되면서 쓰레기 종량제 폐지론이 강력히 제기되었다.

폐기물 소각장의 건설 필요성이 다시 제기되었으며 이에 대한 주장은 정부의 관련 부처와 기업을 중심으로 강력히 전개되었다. 그러나 이와 같은 정부와 기업의 주장에 대해 지속적으로 대응할 시민 역량은 아직 구체화되지 않았고 조직화되지 못했기에 그 동안 개별적으로 역할을 했던 NGO들의 네트워크 조직이 등장하게 되었다. 이른바 쓰레기 문제 해

---

2) 쓰레기 종량제의 실시 이전인 1994년도의 폐기물 현황과 비교할 때, 쓰레기 종량제는 다음과 같은 성과가 있었다. 우선 폐기물 처리량이 크게 감소하여 종량제 실시 이전과 비교할 때, 약 42.6%의 반입량(소각장, 매립지) 감소가 나타났다. 이에 비해 재활용 가능 품목의 수거량 증가는 94.8%에 달해 국민 1인당 생활폐기물 발생량은 '0.97kg/일'으로 감소했다. 특히 매립지이나 소각장에 반입 처리되는 생활폐기물 처리량은 약 '0.59kg/인/일'인 것에 비해 재활용 처리량은 '0.38kg/인/일'에 달했다. 이와 같은 종량제의 성과는 1995년부터 99년까지 5년간 2,971만ton의 생활폐기물 발생량을 감소시키면서 971만ton의 재활용 가능품을 추가로 분리 수거하여 총 3조 9,400억 원(미화 30억 달러)의 경제적 편익을 거두었다라고 정부(환경부)는 자체 평가하고 있다. 또한 쓰레기 종량제는 시민의 직접적인 부담을 전제로 폐기물의 소각·매립 처리량을 급격히 줄이는 성과와 함께 재활용 가능품을 별도로 수거할 수 있는 체계를 구축하여 자원순환사회로 갈 수 있는 사회적 인프라를 구축했다고 하겠다(관련 제도: 1995년도 폐기물관리법, 11995년도 자원의 절약과 재활용 촉진에 관한 법 및 시행령, 시행규칙).

결을 위한 시민운동협의회(이하 쓰시협)가 바로 그것이다. 1997년 8월부터 준비되어 몇 차례의 작은 준비 회의를 거쳐 10월 30일 31개의 NGO들이 모여서 창립 대회를 개최했다. 그 이름에서 나타나는 것처럼 쓰레기 문제를 중심으로 시민운동을 담아낼 각 NGO들의 수평적 협력체가 구성된 것이다. 그러나 이제 막 출범한 쓰시협은 한시적 조직으로서 강력한 정부와 기업의 쓰레기 종량제 폐지 주장을 감당하기에는 역부족인 상황이었다.

3. IMF 경제 위기 속에서 부활된 쓰레기 종량제

1997년 말, 시민의 운동적 성과로 제도화되었던 쓰레기 종량제는 불과 3년을 채 시행하지도 못하고 폐지될 풍전등화의 상황에 처하게 되었다. 그런데 같은 해 12월, 상황은 급반전되었다. 정부의 관치금융이 지닌 모순과 기업들의 방만한 차입 경영이 이른바 국가 부도 위기 직전의 상황을 초래했던 것이다. 급기야 정부는 IMF 구제금융을 신청하게 되었고 원화의 가치는 폭락했으며 외국으로부터 수입했던 각종 자원들은 그 가격이 몇 배 이상으로 폭등하는 상황이 일어난 것이다. 마치 제1장에서 쿠바가 공산권 붕괴 이후 외부로부터 자원을 수입할 수 없게 되어 자급자족식 경제를 운영하게 되는 상황과 유사한 위기가 한국 사회에도 몰아닥친 것이다.

불과 11월까지만 해도 폐기물 적환장에 산같이 쌓여 있던 폐지들은 그 가치가 폭등하여 일시에 판매되었고, 유리병과 각종 캔 종류는 물론이고 버릴 것이 없는 이른바 폐기물 제로화에 가까운 상황이 연출되었다. 폐기물을 처리하기 위해 더 많은 대형 소각장을 건설해야 한다는 정부의 주장이나 기업의 요구는 일시에 사라졌다. 쓰레기 종량제는 마치 이 순간을 대비해 준비되었던 제도인 것처럼 수많은 폐자원을 흡입하여 자원으로 순환시키는 강력한 기제로 작동했다. 많은 고물상들이 다시 등장했고, 자원 재활용 기업이 세워졌다. 이제 더 이상 쓰레기 종량제를 필요없다고 주장하던 사람들을 찾아볼 수는 없었으며 경제 위기 상황에서 자원의 부족 현상은 언제나 일어날 수 있으며 이와 같은 상황에서 쓰레기 종량제는 얼마나 소중한 제도인가를 재삼 확인하는 계기가 되었다.

1998년, 수입 사료 가격의 폭등은 굶는 돼지를 양산했고, 급기야 음식물 쓰레기를 과거 농업사회에서와 같이 다시 사료로 공급하는 방안이 적극 추진되었다. 다양한 분야에서 자원 재활용의 논의가 시민 사회단체뿐만 아니라 정부의 관련 부처, 그리고 기업에 이르기까지 협력을 모색하는 방안들이 논의되었다. 특히 경제적 위기 상황에서의 대량실업 사태는 자원 순환을 통한 일자리 창출 방안이 심도 있게 토의되었고 재활용 산업을 이른바 정맥산업으로 육성하는 방안과 생산적 복지 차원에서 자활 후견기관의 설립 등으로 구체화되는 성과가 있었다. 이와 같은 과정에서 쓰레기 문제 해결을 위한 시민운동협의회는 다양한 시민 사회단체들의 수평적 네트워크 조직으로 활발한 역할을 담당하게 되었는데, 이에 대해서는 다음 장에서 살펴보고자 한다.

쓰레기 종량제가 실시되기 직전까지도 분리 배출은 잘 시행되지 못했다. 대부분의 쓰레기는 혼합 수거되어 매립지로 보내졌는데, 사진은 1993년 서울의 후암동에서 손수레로 쓰레기를 수거하는 모습을 담은 것이다. 당시 서울에서는 대부분 직영 방식으로 쓰레기를 수거했고 일부 아파트단지에서만 위탁 대행 방식이 도입되기 시작했다. 재산세에 비례한 오물수거세로 쓰레기수거료가 징수되었기 때문에 일종의 떡값으로 불리었던 팁이 없으면 쓰레기를 잘 수거하지 않는 부작용도 많았다고 한다. 손수레에 찍혀 있는 옛 서울시 로고가 청소차 로고처럼 인식되었던 기억등이 추억처럼 아련하다.

1990년대 한국의 폐기물정책은 자원순환사회로 가는 길에서 몇 차례의 위기를 경험했다. 그 첫 번째 위기는 김포 지역의 해안을 매립하여 조성된 수도권 매립지에서부터 시작되었다. 서울의 난지도 매립장이 포화 상태가 되어 매립 종료가 되었으나 김포수도권 매립지에서는 지역 주민들의 반발과 시위로 쓰레기 운송 차량 통행 자체가 불가능했다. 그러나 그 위기는 1993년 매립 시작과 함께 기회로 급변하게 된다. 약 1,900만 명의 수도권 시민들이 배출하는 대부분의 고형 폐기물이 김포에 반입되면서 어느 지역의 쓰레기가 언제 얼마나 어느 구역에 매립되고 있는가에 대한 실측 데이터가 축적되기 시작한 것이다. 그리고 이를 기반으로 투명한 고형 폐기물의 흐름을 파악할 수 있게 되고, 이를 근거로 쓰레기 종량제와 같은 다양한 자원순환사회를 향한 정책을 펼쳐나갈 수 있게 되었다. 사진의 왼쪽은 김포 해안 매립지로 가기 위해 운송 차량들이 줄을 서 있는 장면이며, 오른쪽은 폐기물을 매립하고 있고 있는 장면이다.

제 4 장

정부와 NGO의 관계

정부와 NGO는 향후 어떤 관계로 발전하는 것이 바람직할 것인가? 필자의 오랜 고민이며 숙제였던 이 문제를 풀기 위해 한국의 NGO 대표들과 2005년 여름, 중국행 비행기에 동승하게 되었다. 오랜 기간 NGO의 중심에서 핵심적 역할을 했던 대표 분들이기에 필자의 고민스러운 부분과 미처 생각치 못했던 부분까지도 예리하게 짚어 예시했던 내용들이 기억에 생생하다. 격의 없이 자유로웠던 대화 속에서 진행된 일주일 동안의 필자의 참여 연구는 이 책을 쓰는 데 또 하나의 결정적 계기를 제공했다고 하겠다. 사진의 왼쪽은 최열 환경연합 대표, 오른쪽은 박영신 녹색연합 대표이며 함께 했던 다른 NGO 대표분들께도 좋은 말씀에 감사함을 전하고 싶다(곽상배 처장, 김상겸 교수, 김상희 대표, 박영미 대표, 박홍근 대표, 심영희 교수, 유성희 총장, 이강현 대표, 장동현 총장, 조중근 처장, 차윤재 위원, 설동본 부장, 주성수 교수, 류한호 박사, 최미혜 간사, 그리고 이창호 박사).

제1절 한국 NGO의 고민

앞서 제시한 바와 같이 한국에서 다양한 폐기물 문제를 다루고 있는 여러 NGO들의 네트워크 조직인 쓰레기 문제 해결을 위한 시민운동협의회(이하 쓰시협)는 정부와 기업의 쓰레기 종량제 폐지화 논의에 대응하면서 적극적으로 쓰레기 문제를 해결하기 위해 1997년 10월 30일에 창립되었다. 여러 NGO들이 힘을 모아서 세운 대표적 NGO 연대기구로 출발한 쓰시협은 창립 2개월이 안 되어 한국 사회에 밀려들어 온 경제위기 속에서 크고 작은 많은 역할을 담당하게 되었다.

우선 경제 위기 속에서 쓰시협은 막대한 시민의 세금과 귀중한 자원을 낭비하는 쓰레기 소각장 건설계획에 대한 국가적 정책을 합리적으로 억제했으며, 우리 사회를 자원폐기사회에서 자원순환사회로 전환시키는 데 결정적 역할을 한 바 있다. 2000년을 전후로 정부의 생산적 복지 정책을 자원순환 정책과 연계하여 재활용산업(정맥산업) 활성화를 통한 다양한 일자리를 창출하는 데에도 기여했다. 특히 2002년 한일월드컵에서는 '쓰레기 없는 환경 월드컵'을 캐치프레이즈로 공동 개최국인 일본보다 오히려 한 수 높은 친환경적인 한국 시민이라는 세계적 평가를 이끌어 내는 실천적 성과도 거두었다. 그러나 2005년, 쓰시협은 이제 거듭 태어나지 않으면 안 될 중요한 시점에 처해 있다.

많은 NGO들이 1990년대 우리 사회의 발전을 위해 놀라울 정도로 역동적인 역할을 보여 준 것은 그 누구도 부인할 수 없는 사실이다. 우리 사회의 훌륭한 NGO들은 사회를 개혁하는 데 크게 공헌했고, 이에 대한 국민적 평가는 매우 높았다고 자부한다. 그러나 2000년대 중반, 우리는 대내외적으로 NGO의 역할과 그 정체성에 대해 심각한 고민과 자성(自省)을 하지 않으면 안 되는 상황이다.

쓰시협 역시, 수년 전부터 심각한 고민과 자성을 해 왔고, 쓰시협의 고민은 정체성 혼란과 재정 문제에서부터 시작되었다. 쓰시협은 쓰레기 문제를 해결하기 위한 적극적(positive) 역할을 찾을 것인가 아니면 단순히 각 단체를 보조하는 소극적 역할만을 해야 할 것인가? 그리고 정부로부터의 한시적 재정 지원에만 의존하는 수동적 활동에 한정할 것인가 아니면 독립적인 재정 확보 노력을 기울이면서 능동적(active)으로 각 단체들을 지원할 수 있는 방안을 제시할 것인가? 등등에 관한 논의로 이어졌다. 이 과정은 지난 2~3년에 걸친 숙의 과정을 거치면서 이제 쓰시협은 좀더 적극적이고 능동적인 자원순환사회 연대로의 거듭남과 함께 우리 각 단체들의 역할과 가능성을 더욱 적극적으로 개발하고 지원하는 새로운 방향성을 모색하고 있다.

우리 사회의 민주화 과정에서 출발점이 되었던 권위주의적 정부 조직(authoritarian GO)에 대항하는 반정부적 NGO라는 단순한 대결 구도에 NGO의 역할을 더 이상 한정할 수 없는 상황이라는 판단이다. 이와 같은 배경에서 과연 2005년의 NGO 구성원들은 정부에 대해 어떤 태도와 행동을 보이고 있는가는 매우 중요한 사안이라고 할 것이다. 1990년대식 NGO가 지니고 있던 소극적(negative)인 운동에서 이제 한 차원 높은 CSO, 즉 시민 사회단체(Civil Society Organization)로서 적극적(positive)인 운동도 할 수 있는 상황임을 이해하게 된다. 이와 같은 맥락에서 정부와 NGO는 <표 4-1>과 같은 네 가지 유형으로 그 관계를 확장해 볼 수 있다.[1)]

1) NGO와 정부의 관계를 유형화할 때, 가장 대표적으로 두 가지 유형을 제시하는 연구가 많다. 즉 대립적 관계와 보완적 관계가 그것인데 전자는 NGO와 정부가 매우 신뢰할 수 없는 관계에서 충돌하는 요소가 많을 경우라고 할 것이다. 후자는 NGO와 정부가 상호 신뢰를 기반으로 서로 간의 부족한 부분을 보안적으로 해소하는 관계라고 하겠다. 이와 같은 2개 유형을 다시 4개 유형으로 분류하면 경합적 관계와 대체적 관계를 추가적으로 포함할 수 있다. 경합적 관계와 대체적 관계는 공공재의 특성으로 제시되는 경우가 많은데 이와 관련해서는 박재영 교수의 '국제 관계와 NGO' 제10장에서 제시한 유형 분류를 참고했다.

〈표 4-1〉 NGO와 정부(GO)의 관계

(1) 대립적 관계 (adversarial relations)	권위주의적 정부에 대항하여 비판적 입장에서 정부의 정책이나 사업에 대해 반대하고 중단 및 철회를 요구하는 역할
(2) 경합적 관계 (competitive relations)	세금이나 공공 재원을 사용하는 다양한 공공 서비스의 생산자를 선택하는 과정에서 정부 조직이나 공공기관 등과 경쟁, 시민 사회단체가 직접적인 공공 서비스의 생산자가 되는 역할
(3) 보완적 관계 (complementary relations)	정부와의 동반자적 관계를 뜻하는데, 재정적으로 정부 지원을 받아서 공적인 사업 프로그램을 수행하거나 반대로 시민 사회단체의 주도적 사업에 대해 정부가 지지하는 역할 관계
(4) 대체적 관계 (supplementary relations)	정부의 실패로 인해 올바르게 수행되지 못하고 있는 정책이나 사업에 대해 시민 사회단체가 대신하여 그 역할을 담당하는 관계

이와 같은 배경에서 2005년 7월 13부터 15일까지 경기도 양평에서 개최된 전국의 각 단체 상근 간사회의에서 참석한 50명 가운데 조사에 응한 45명을 대상으로 설문조사를 실시했다.[2] 설문은 NGO 조직 및 구성원의 개별적 특성을 묻는 항목과 정부 및 기업에 대한 효능도(efficacy) 및 신뢰도(reliability)를 묻는 항목으로 구성되어 있다. 분석을 위한 기본 모형은 효능도와 신뢰도를 통한 구성원의 태도를 유형화한 페이지 모형(Paige model)에 기초했는데 이를 간략히 요약하면 다음과 같은 내용이라고 하겠다.[3] 예컨대 정부 또는 기업에 대한 응답자의 효능도는

2) 조사 응답자의 개인별 조직별 특성은 다음과 같았다. 시민 사회단체에서 일한 경력은 평균적으로 약 3년 내외였으며, 환경 · 청소년 · 소비자 문제들을 다루는 전국 단위 조직의 중앙과 지역 조직에서 일하는 상근 간사가 대부분이었다. 대체로 소속 단체의 상근직 인원은 5~10명 내외의 중소 규모이었으며 평회원의 회비 의존율은 약 30% 정도 수준인 것으로 파악되었다. 이와 같은 개인별 조직별 특성은 우리 사회에서 적극적으로 활동하고 있는 시민 사회단체들의 평균적 특성과 크게 다르지 않은 내용이었다.

3) 페이지 모형에서는 효능도와 신뢰도 수준을 조합하여 네 가지 유형으로 나누어 설명한 바 있는데 우선 상대적으로 효능도와 신뢰도가 모두 높은 태도를 민주적인 바람직한 태도로 구분하고 있다. 즉 정부에 대한 응답자의 효능도와 신뢰도가 모두 높으면 정부에

"정부 조직에 대한 운영 내용을 얼마나 잘 이해하고, 그 조직에 접근할 자신감이 어느 정도인가"와 관련되어 측정한 부분이며, 응답자의 신뢰도는 "정부 조직에 대해 도덕적 또는 기능적으로 얼마나 믿을 수 있는 정도인가"와 관련하여 측정한 부분이다. 상대적 비교를 위해 같은 방식으로 기업에 대한 효능도와 신뢰도를 동시에 조사했다.

제 2 절 NGO 상근 간사들의 정부관

1. 정부에 대한 NGO 상근 간사들의 태도 분석

1) 정부, 기업에 대한 효능도

먼저 정부에 대한 효능도와 기업에 대한 효능도에 대한 응답 결과는 중간 수준(mean=3.0)을 넘어서는 것으로 나타나고 있어서 기존의 여타 조사에서 보여 준 일반 시민들의 효능도에 비해 상당히 강한 자신감을 시민 사회단체 구성원들은 갖고 있는 것으로 평가되었다. 그런데 정부와 기업에 대한 응답을 상대적으로 비교해 본다면 대(對)정부 효능도(mean=3.62)에 비해 대(對)기업 효능도(mean=3.2)가 낮은 것으로 나타났다. 이는 시민 사회단체 구성원들이 정부에 비해 기업에 대한 이해도가 낮은 것으로 해석할 수 있는데, 기업에 대한 효능도가 낮은 측면은 결국 응답한 시민 사회단체 구성원들이 기업보다는 정부에 대한 활동을 더 원활하게 할 가능성이 많은 것으로 예상할 수 있다.

대해 응답자 집단은 매우 바람직한 이상(理想)적 태도를 보이고 있다고 해석할 수 있다. 만일 효능도는 높은데 비해 신뢰도가 낮다면 이의(異意)적 태도를 보이고 있다 하겠으며, 효능도는 낮은데 신뢰도는 높다면 순종(順從)적 태도를 보인다고 하겠다. 그러나 효능도와 신뢰도가 모두 낮다면 이는 소외(疎外)적 태도라고 평가할 수 있으며 결코 바람직한 태도를 지니고 있다고 할 수 없다. 이와 관련된 내용은 안병만, 『한국정부론』 제18장에서 제시된 사항을 참고했다.

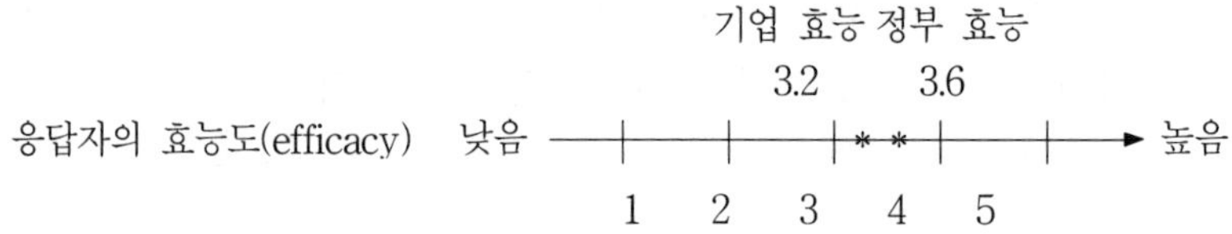

2) 정부와 기업에 대한 신뢰도

한편, 정부에 대한 신뢰도와 기업에 대한 신뢰도에 대한 응답 결과는 중간 수준(mean=3.0)보다 낮은 것으로 나타났다. 기존의 여타 조사에서도 1990년대 이후 유사한 조사에서 나타난 일반 시민들의 신뢰 수준이 대부분 중간 이하인 것으로 나타나고 있으므로 시민 사회단체 구성원들과 일반 시민들 사이에 대정부 및 기업에 대한 신뢰도 수준에 큰 차이는 없다고 평가할 수도 있다. 그런데 흥미로운 것은 정부와 기업에 대한 상대적 신뢰도 비교에서 정부에 대한 신뢰도가 기업에 대한 그것보다 오히려 낮은 측면이다.

정부와 기업에 대한 응답을 상대적으로 비교해 본다면 대(對)정부 신뢰도(mean=2.4)보다는 대(對)기업 효능도(mean=2.5)가 다소 높게 나왔다. 작은 차이이기에 많은 의미를 부여하기는 어렵지만 다음과 같은 해석을 달아볼 수는 있다. 즉, 정부는 시민 사회단체가 기대하는 것보다 잘 하지 못하는 측면이 있는 것에 비해 기업은 제 역할을 기대 수준보다는 좀더 잘하고 있는 것으로 시민 사회단체 구성원들은 이해하고 있는 것이 아닌가 생각된다. 그러나 이는 상대적인 측면에서 시민 사회단체가 정부에 대해 좀더 잘 알고 인지할 수 있는 대상이라는 측면에서 대정부 효능도가 높게 나타난 것과 함께 고려되어야 할 부분이며, 이는 다음에 살펴볼 시민 사회단체와 정부와의 관계에 대한 설문 응답 결과에서

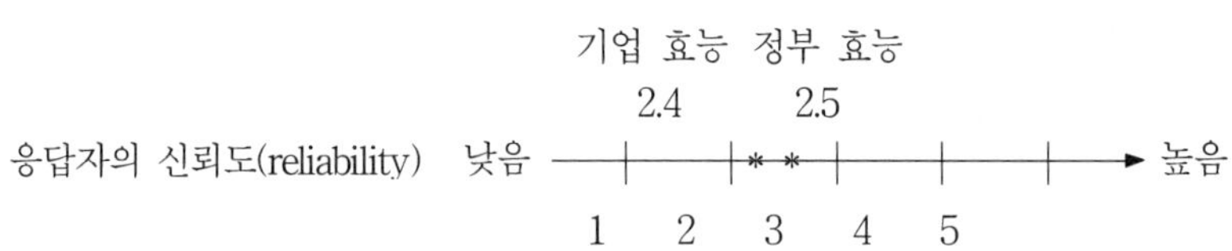

좀더 분명한 설명으로 첨부될 수 있다고 하겠다.

이와 같은 효능도와 신뢰도의 결과값을 통해 페이지 모형에 따른 시민 사회단체 구성원들의 대정부 태도를 유형화하면 아래와 같다.

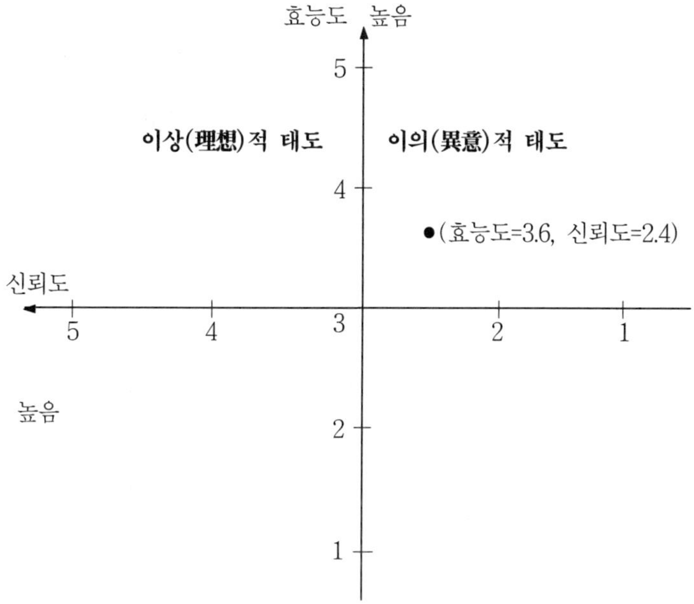

시민 사회단체 상근 간사(응답자)들의 대정부관: 이의(異意)적 태도

2. NGO 상근 간사들이 보는 바람직한 대(對)정부 관계

상근 간사들의 태도를 확정적으로 단정하기는 어렵다. 그러나 제한된 범위에서 위의 조사를 토대로 살펴보면 대체로 정부에 대한 태도는 이의적 태도에 가깝다고 해석할 수 있다. 정부에 대한 신뢰도는 높지 않지만 정부를 변화시켜 나갈 수 있다는 부분에 대해서는 상당한 자신감이 시민 사회단체 상근 간사들에게 있음을 확인할 수 있다. 그러나 바람직한 대정부 관계는 어떤 것인가에 대한 설문에 대해 시민 사회단체 상근 간사들의 답변 내용은 앞서의 이의적 태도와는 다소 차이가 있다. 이와

같은 내용을 다음의 4개 유형별 정부 관계에서 살펴보고자 한다.

1) 대립적(adversarial) 관계

우선 시민 사회단체와 정부 간의 관계가 대립적인 관계, 즉 정부의 정책이나 사업에 대해 반대하고 중단 및 철회를 요구하는 역할에 대해 상근 간사들은 낮은 찬성도(mean=2.2)를 보였다. 앞서 살펴본 바와 같이 자신은 정부에 대해 이의적 태도를 강하게 띠고 있지만 시민 사회단체들과 정부가 대립적 관계를 형성하는 것은 바람직하지 않다고 판단하고 있는 다소 일관되지 못한 측면을 보였다. 자신은 정부를 신뢰하지 못하지만 그렇다고 시민 사회단체가 정부와 대립하는 것은 바람직하지 않다고 보는 행태였다. 그렇다면 이는 정부에 대한 효능도와 관련하여 상근 간사들은 정부를 좀더 바람직하게 변화시킬 수 있고, 이에 대한 가능성을 열어 두고 있는 것이 아닌가라는 해석을 가능하게 하는데 경합적·대체적·보완적 관계에 대한 결과를 보면 일관성을 찾을 수 있는 부분이 분명하게 나타났다. 즉, 현재의 정부에 대해 시민 사회단체는 대립 관계보다는 정부가 제대로 하지 못하는 부분을 찾아서 제대로 할 수 있도록 해야 한다는 판단을 하고 있는 것으로 해석할 수 있다.

2) 경합적(competitive) 관계

대립과 대결보다는 약하지만 경합적 관계에 대해서도 상근 간사들은 상대적으로 낮은 찬성도(mean=2.6)를 보였다. 시민 사회단체들이 정부 조직이나 공공기관들과 직접적으로 경쟁하여 정부의 역할을 일정 부분 할양받는 경쟁적 관계에 대해서 상근 간사들은 아직은 시기 상조 또는 시민 사회단체들의 역량이 정부의 역할과 경쟁할 수준은 못되는 것으로 판단하고 있었다. 즉 공공 부문에서 기존의 정부와 시민 사회단체들이 동일한 선상에서 상호 경합을 벌일 수 있는 수준까지 온 것은 아니라는 것이다. 이른바 정부의 거대 조직에 대해 시민 사회단체는 그만한 조직도 역량도 없다는 평가를 스스로 내리고 있는 것은 아닌가 조심스럽게 해석해 본다.

3) 대체적(supplementary) 관계

그렇다면 정부가 실패한 영역에서 그 역할을 대신하는 것은 어떠한가? 아직 찬성 의견이 상대적으로 낮지만(mean=2.9), 앞서의 대립적 관계(mean=2.2), 경합적 관계(mean=2.6)보다는 높은 수준을 보이고 다소 중립적인 또는 유보적인 입장을 취하는 것으로 분석되었다. 정부가 하지 못한 부분 또는 정부가 실패한 영역에서 시민 사회단체는 정부와는 또 다른 시각에서 그 한계점을 극복하고 해결해 나갈 수 있지 않은가라는 판단이 상근 간사들에게서 보였다.

4) 보완적(complementary) 관계

시민 사회단체와 정부의 관계에서 상근 간사들은 보완적 관계가 가장 바람직한 것으로 평가하고 있었다. 재정적으로 정부의 지원을 받아서 공적인 사업 프로그램을 수행하거나, 반대로 시민 사회단체의 주도적 사업에 대해 정부가 지지하는 이른바 보완적 협력적 관계를 가장 바람직하다고 판단하는 것이다. 정부에 대해 신뢰도는 낮지만 효능도는 높은 이의적 태도가 실질적 관계 측면에서는 보완적 관계가 가장 바람직하다고 인식하고 있음은 자칫 일관성이 없는 것 아닌가라는 의구심을 갖게도 한다. 그러나 정부의 낮은 신뢰도에도 불구하고 정부와 대립하는 것은 바람직하지 않고, 그렇다고 정부를 대체할 만큼 시민 사회단체의 역량이 높지 않다는 스스로의 평가가 있음에서 보면 그 대안은 자연스럽게 정립된다고 할 수 있다. 바로 정부 역할의 부족한 부분을 보완하고 동시에 시민 사회단체의 적극적 역할에 대해서는 정부가 지원할 것을 요청하는 이른바 보완적 관계가 가장 바람직한 시민 사회단체와 정부의 관계인 것으로 상근 간사들은 판단하고 있었다.

이상과 같이 나타난 시민 사회단체에서 상근 간사들이 인식하고 있는 정부와 NGO의 바람직한 관계에 대한 유형별 찬성도를 요약하면 <표 4-2>와 같다.

〈표 4-2〉 NGO 상근 간사들이 평가한 '정부와 NGO의 바람직한 관계' 찬성도

관계 유형	찬성도
① 대립적(adversarial) 관계	2.2
② 경합적(competitive) 관계	2.6
③ 대체적(supplementary) 관계	2.9
④ 보완적(complementary) 관계	4.1

제3절 정부, NGO, 기업, NPO의 사각 구조

1. 정보사회의 새로운 역할자

농업사회와 산업사회의 국가와 시장에서 주된 역할자로 지칭되었던 정부와 기업이 정보사회로 진입하면서 그 역할 한계를 보이고 있다. 앞서 살펴본 바와 같이 1990년대를 전후로 경험한 한국 사회의 급격한 민주화와 개방화는 산업의 기존 구조를 근본적으로 변화시켰을 뿐만 아니라 정부와 기업에 대응하는 새로운 역할자로서의 NGO와 NPO의 등장

을 촉진했다. 정보사회 속에서 각각의 개인은 주체적 자아가 확장되었고 더 이상 시민들은 정부의 통치 대상이 아니었다. 또한 산업사회의 생산자 주도형 구조는 정보사회에서 소비자 주도형 구조로 변화되었고 더 이상 소비자들이 생산자의 결정에 순응하는 대상으로 한정될 수는 없었다.

이미 해머(M. Hammer)와 같은 미래 경영학자가 언급한 '3C', 이른바 급격한 변화(change)와 치열한 경쟁(competition) 속에 생산자가 아닌 고객(customer)이 중심되는 정보사회가 도래하면서 정부와 시민의 관계, 기업과 소비자의 관계에도 근본적인 변화가 발생하고 있다. 제2장에서 살펴본 바와 같이 농업사회에서는 강력한 독점적 왕권을 통해 정부를 형성하고 국민에게 군림하는 사회 구조를 형성했으나, 산업사회에서는 왕권 체제가 해체되면서 확대된 시장 구조 속에서 그 시장 메커니즘을 주도하는 기업이 국가의 정부를 움직이고 국민을 통제하도록 하는 모습을 보였다.

그러나 정보사회에서는 국가와 시장의 중복된 구조 속에서 정부와 기업, 그리고 시민사회라는 새로운 형태의 철의 삼각 구조(iron triangle)를 형성하고 있는 것으로 보인다. 좀더 정확하게 표현한다면 과거 산업사회의 기업과 정부라는 기본적 양립 관계에 관료의 역할이 중요한 변수로 자리잡았던 것과 달리 관료의 역할은 정부의 기능 속으로 편입되고 그 자리에 시민들의 역할이 자리잡는 모습을 보이고 있다는 것이다. 그러나 시민사회 속의 다양한 개별적·집단적 구조 속에서는 정부라는 GO(Governmental Organization)에 대응한 NGO와 기업이라는 PO (Profit Organization)에 대응한 NPO라는 이른바 소프트한 형태의 사각구조(soft square)가 형성되어 있다고 봄이 더 정확한 표현일 것이다. 이를 그림으로 표현하면 다음과 같다.

[그림 4-1] 정부, NGO, 기업, NPO의 사각 구조

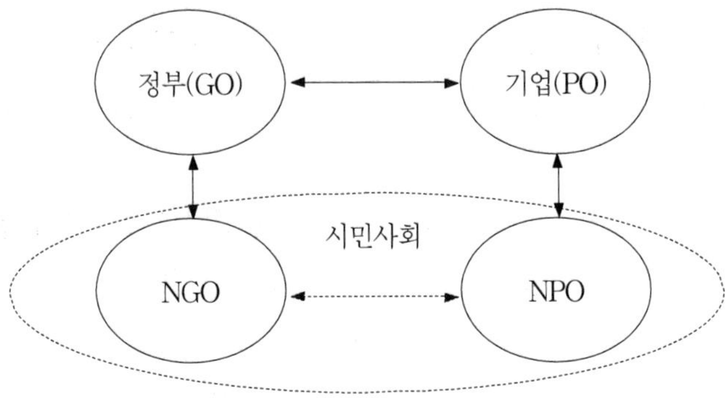

2. 국가와 시장의 한계를 넘어서서

그렇다면 과연 정부는 무엇이고 향후 어떤 역할을 담당해야 하는가? 분명한 것은 빠른 정보사회로의 진입과 자원순환사회의 형성 과정에서 "올바른 정부는 세계에도 필요하며 각 국가에도 정의로운 정부가 절실히 필요하다"라는 응답으로 그 화두(話頭)를 제시해 볼 수 있다. 만일 국가의 영역을 폐쇄적으로 제한할 수 없는 정보사회의 성숙기가 도래하고, 이미 그러하다면 그것은 세계정부의 구축을 위한 세계 NGO들의 연대와 역할 강화가 절실한 시점도 함께 온 것이라고 판단한다. 세계정부는 조속히 세계적 규모의 운영 체제를 정비하고 분배의 문제를 해소하여 기아와 질병으로 고통받는 20억 이상의 인류를 구제해야 한다는 것이다.

그렇다면 국가정부는 어떠해야 할 것이며 어떤 역할을 해야 하는가? 이 연구는 이와 같은 자기 물음에 대해 앞서 논의된 사항을 근거로 '제3의 정부 역할'이라는 시각에서 그 답을 찾을 수 있지 않을까 생각해 보았다. 그것은 개방화되고, 더욱더 세계화되고 있는 상황에서 국가의 정

부는 개인의 역할을 가능한 극대화하면서도 그것이 올바른 방향으로 나아갈 수 있도록 하는 그 무엇, 즉 정보를 쉽게 검색할 수 있는 도구와 같은 것을 만드는 작업이 필요하다고 생각되었다. 그 도구(tool)라는 것은 국가와 개인을 통치의 관계로 설정하는 농업사회에서 통용되던 제1의 정부 역할이 아니며 기업과의 경쟁적 관계에서 성장과 분배 사이에서 갈등하던 산업사회에서 사용되었던 제2의 정부 역할도 아니다. 제3의 정부 역할은 각각의 개인들에 기반을 둔 다양하고 많은 정보를 가장 잘 활용할 수 있도록 국가와 시장, 정부와 기업, NGO와 NPO, 생산자와 소비자들이 올바른 기능과 역할을 각 주체별로 스스로 찾아서 할 수 있도록 쉬운 공공적 도구를 만들어 제공하는 것으로 이해해 볼 수 있다.

또한 정보사회의 성숙기에 접어들었다면, NGO의 역할을 NPO의 역할로 적극 전환시키는 필요성도 있다고 할 것이다. 이는 앞서 언급한 바와 같이 국가의 정부가 개인의 본질적 자유와 인권을 스스로 인정하고 충분히 수용할 수 있는 단계에 이르렀다면 다양한 NGO의 역할 기능을 NPO의 공공 기능 분담으로 재정립시킬 수 있도록 새로운 도구를 짤 필요성이 있다는 것이다. 예컨대 국가정책이라는 명목하에 정부가 직접 개발하고 수행하기 위한 각종 사업과 프로그램에 대해 반대적 기능을 담당했던 환경 NGO들에게 이른바 정부가 제대로 할 수 없었던 다양하고 세부적이며 비영리적 환경 보전 기능을 적극적으로 담당할 수 있는 그 무엇을 만들어 그들이 환경 NPO로 거듭날 수 있게 해야 한다는 것이다.

다시 말해서, 정부가 세금을 거두고 정부가 관료 조직을 만들어 정부가 정책을 개발하면서 정부가 이를 직접 집행하는 정부의 공공적 기능의 독점화, 즉 제2의 정부 역할 기능을 이제는 벗어나야 한다는 것이다. 다양한 NGO와 NPO에서 일하고 있는 상근 간사들의 응답 결과에서 나타난 바와 같이 향후 정부와 시민 사회단체 간의 관계는 갈등적 관계가 아닌 상호 협력적 관계로 가는 것이 바람직한 흐름이라고 할 것이다. 한국 사회에서의 정부가 다시금 권위적이고 폐쇄적이며 인간의 기본권을 억압하는 그런 정부로 변질된다면 언제든지 강력한 NGO가 시민사회에서 등장해야 한다. 그러나 정부가 올바른 방향으로 가고 있다면 그 정부가 지닌 한계점을 보완해 주고 우리 사회가 더욱 발전적 방향으로 진전할 수 있도록 정부는 시민 사회단체들이 훌륭한 NPO로서의 기능을 갖출 수 있도록 적극 지원해야 할 것이다. 비영리적 활동 속에서 영리 추구형 기업들이 행할 수 있는 오류를 감시하고 고발해야 할 것이며, 동시에 공공적 활동을 통해 세심한 부분에서 행할 수 없는 정부의 공적 역할을 대신 수행할 수 있는 역할이 시민 사회단체들에게 부여되어야 할 것이라는 판단이다.

요컨대, 제1의 정부 역할은 농업사회에서의 그것처럼 "외부의 적으로부터 국민을 지키는 데"에 있다. 이는 정부의 필수 조건이다. 제2의 정부 역할은 산업사회에서 시장의 기업들이 더 많은 가치를 창출할 수 있도록 제도를 정비하고 시장 구조를 확대하는 이른바 애덤 스미스가 그의 저서 『국부론』에서 주장한 바와 같이 시민들을 풍요롭게 할 수 있는 보이지 않는 손(invisible hand)의 역할이라고 하겠다.

그러나 이와 같은 제1의 정부, 제2의 정부가 정부의 충분 조건까지 달성하는 것일까? 그렇지 않다. 정보사회를 향해할 제3의 정부는 다음과 같은 예시로 설명해 볼 수 있다. 예컨대 서울에서 부산까지 산적을 만나지 않고 안전하게 길을 갈 수 있게 하는 것은 제1의 정부 역할이라고 할 수 있다. 서울에서 부산까지 고속도로를 이용하여 자동차를 타고 이동할 수 있게 하는 것은 제2의 정부 역할일 것이다. 그러나 서울에서 부산까지 자동항법 장치에 의해 최상의 도로 조건을 조건에 맞추어 스스로 선택하여 최소의 비용으로 가장 합리적인 주행을 할 자동화된 도구가 있어야 할 것이고, 그 자동항법 장치는 지식 집약형 결정체로서 제3의 정부 역할에 비유될 수 있을 것이다.

제 4 절 자원순환사회를 향한 NGO의 역할

자원순환사회를 형성하기 위한 시민들의 운동에서 살펴본 바와 같이 시민들은 정부의 정책에 대한 반대적 입장에서 NGO의 역할을 강화시켜 주었고, 기업의 생산자적 논리를 반박하는 소비자적 논리를 주장하는 NPO의 역할을 확대시켜 준 바 있다. 이는 바로 시민사회에 이른바 NGO와 NPO의 두 가지 흐름이 동시에 존재하고 있음을 발견하게 한다.

물론 시민사회에서 정부와 기업의 논리를 향해 또 다른 주체로서의 역할을 하는 과정에서 NGO와 NPO의 기능은 유기적 관계를 지니고 있으나 시민사회는 정부와 기업과는 또 다른 분명한 특성을 지니고 있다. 이는 정부가 올바르고 신뢰할 수 있으며 시민들을 위해 그 역할을 다한다면 시민사회에서 NGO의 역할은 자연스럽게 작아진다는 것이다. 그러나 반대로 기업의 역할이 올바르지 못하고 생산자로서 소비자의 이익을 해친다면 시민사회에서 NGO보다는 NPO의 역할이 더욱 강화되고 커지는 현상을 나타낼 수 있다.

결국 시민사회의 NGO와 NPO는 불특정 다수의 시민들의 이해 관계를 반영하면서 경우에 따라서는 NGO적 기능이 강화될 수도 NPO적 기능이 강화될 수도 있으며, 그와 반대의 상황도 일어날 수 있는 매우 유연한 구조를 지니고 있다고 평가할 수 있다. 따라서 시민사회는 정부와 기업의 역할을 견제하고 올바른 방향으로 사회가 발전할 수 있도록 시민사회의 건전한 행동 주체로서 NGO와 NPO의 기능을 유기적으로 연계시켜 나갈 수 있어야 할 것이다. 이와 관련하여 세 가지 측면에서 자원순환사회를 향한 NGO의 역할 가능성을 모색해 볼 수 있다.

1. 새로운 길로 가는 첨병 역할

자원순환사회 형성을 위해 NGO는 정부 또는 기업이 하기 어렵거나 곤란한 다양한 실험적 역할을 담당할 수 있어야 한다. 정부의 공식화된 거대조직이 하기 어려운 사업을 담당하면서 그 과정에서 사회적 가치를 창출할 수 있는 역할을 할 수 있도록 새로운 문제 의식과 과제를 제기하고 그와 관련된 새로운 정보를 만드는 역할을 하지 않으면 안 된다. 앞서 살펴본 바와 같이 지식정보사회에서 자원 순환의 구조를 만드는 것은 그 동안 누구도 가보지 않은 새로운 길일 수 있다. 전혀 가 보지 않은 길로 거대한 정부 조직을 움직여 들여보내는 것은 사실 대단히 어려울 뿐만 아니라 위험성이 높은 시도이다.

자원순환사회 연대는 가지 않은 길로 들어서는 첨병과 같은 역할을 해야 한다. 주변 사방에 어떤 장애물이 있으며 또한 어느 지점에 새로운 가치 있는 정보가 있는가를 찾아 내어 길을 닦는 역할을 해야 한다. 이와 관련하여 다음 제5장에서는 남북한 환경공동체와 일자리 만들기에 대한 내용을 소개하고 있다.

2. 사회적 갈등의 중재자 역할

급격한 변화 속에서 자원순환사회를 형성하는 과정에는 다양한 이해관계의 충돌이 발생할 수 있으며 정부의 거대한 공적 논리와 기업의 단기적 시장 논리로는 풀기 어려운 수많은 사회 갈등을 경험할 수 있게 된다. NGO는 정부의 논리와 시장의 논리로 풀 수 없는 사회적 갈등을 시민의 논리로 풀어 나갈 수 있는 역할을 담당하지 않으면 안 된다. 정보사회에서는 다양한 개인의 이해 관계가 자칫 극단적인 충돌로 야기될 수 있고, 그 결과 사회적으로 올바르지 않은 방향으로 결과되는 가능성도 있기 때문이다.

따라서 NGO는 사회적 갈등을 증폭시키는 역할이 아니라 다양한 이해 갈등을 선한 에너지로 전환시킬 수 있는 갈등의 중재자 역할 기능을 강화시켜야 한다고 판단된다. 이와 관련해서는 제6장에서 대도시 폐기물 관리와 사회 갈등 해소라는 내용으로 살펴보고자 한다.

3. 정의로운 자원순환사회 연대 활동

NGO에게는 국가적 장벽이나 시장적 이해 관계를 초월할 수 있는 태생적 가치관이 있다. 급속한 세계화와 개방화 속에서 오히려 개인의 인권과 빈부의 격차는 더욱 심화되고 있으며 그 결과, 사회는 과거에 비해 오히려 정의롭지 못한 방향으로 왜곡될 가능성이 대단히 높다. NGO에게는 개인의 가치를 소중히 하며 모든 인간이 지니고 있는 권리를 그가 속한 국적이나 경제적 조건, 인종이나 종교 등의 차이에 의해 부당하게 대우받을 수 있는 위험성을 해소시켜 나가야 한다. 이를 위해 NGO는 국가와 시장을 넘어서 서로 연대할 수 있어야 하며, 모든 인류의 보편적 가치를 추구하는 역할을 적극적으로 담당하지 않으면 안 된다. 이러한 NGO의 역할에 대해서는 제7장 지구촌 환경공동체와 세계환경기구(WEO)의 구상에서 예시하고 있다.

1990년대를 경험하고 2010년대를 향해 새롭게 개척해 나가는 과정에서 이미 우리 사회는 외국의 사례에 한정하여 그 방향성을 설정하기 어려운 미개척의 자원순환사회로 접어들고 있다. 결코 쉬운 길은 아니지만 반드시 가야 할 길이기에 회피할 수 있는 상황도 아니다. 자원을 폐기했던 산업사회의 한계를 극복하고, 자원을 선순환시키면서 더욱 풍요로운 지속 가능한 발전을 위해 다 함께 노력하고 개척해야 할 우리 사회 모두의 길이 바로 자원순환사회로 가는 길이기 때문이다.

중국 공산당은 시민사회에 대한 이해도를 높이는 데 노력하고 있었다. 시장경제라는 변화는 받아들였지만 정치적 민주화까지는 아직 요원한 중국 상황에서 중국 공산당의 이데올로기를 만들어 내고 있는 중앙당교의 교수들은 한국 사회에서의 NGO 역할에 대해서도 큰 관심을 갖고 있었다. 중국 공산당이 30년 후에도 계속 집권하기 위해서는 새로운 시민사회를 이해하지 않으면 안 된다는 당교 교수의 토로는 인상 깊었다.

중국 공산당의 독점적 정치권력 체제하에서 과연 NGO는 존재할 수 있는 것인가? 중국의 전국부녀연합회 부대표(사진 가운데)는 자신 있게 답변했다. 자신들을 중국 여성들의 권익을 대변하는 정부와는 분명히 다른 NGO라고 소개했다. 그 설명 내용과 역할을 들어 본 결과, 정부 주도형 지원단체 성격에 불과했고 통상적 의미에서의 NGO로는 판단하기 어려웠다. 그럼에도 불구하고 중국 여성의 사회적 지위는 한국에 비해 여러 분야에서 상대적으로 강한 측면을 볼 수 있었다. 마오쩌둥(毛澤東)의 문화혁명 이후 급전환된 남자와 여자의 사회적 지위 관계라는 설명도 흥미로운 대목으로 기억된다.

제2편

자원순환사회를 향한 NGO의 역할 모색

제 5 장

남·북한 환경공동체와 일자리 만들기

폐쇄적인 북한에 대한 현장 경험은 매우 제한적이다. 그러나 인천공항에서 베이징을 향해 비행할 때 보이는 오른쪽 아래의 북한 산하는 척박하기 그지없다. 한반도의 허리가 휴전선으로 막혀 갈려져 있는 동안 민족적 아픔도 컸지만 자연적 환경의 고통도 컸다고 할 것이다. 중국의 각지에서 외화벌이를 하고 있는 북한의 상업광고를 보면서 한편으로는 안타까운 마음이 들면서도 동시에 우리가 쓰는 한글을 쓰고 있는 동포가 2천만 명이나 더 있다는 사실에 자신감도 생긴다. 자원순환사회에서는 남한과 북한의 공동 번영 가능성이 더욱 커질 수 있기 때문이다.

제1절 배경적 설명

앞서 제5장에서 언급한 바와 같이 최근 우리 사회는 잘되는 곳과 안 되는 곳이 뚜렷하게 차이를 보이는 양극화의 문제를 지니고 있다. 이는 거시적 관점에서 산업사회의 구조적 한계점에서 비롯되었다는 문제 의식으로 연결될 수 있는데, 농업 부문은 취약하지만 공업 부문은 경쟁력이 있으며, 공업 부문 가운데 중소기업은 약하지만 대기업은 강한 측면 등이 그것이다. 또한 대기업에서도 경공업은 취약하고, 중공업은 강하며, 첨단 정보통신 부문은 세계 최고 수준을 지니고 있음도 같은 맥락에서 이해할 수 있는 대목이다.

결국 이와 같은 산업 구조의 문제는 첨단의 자본집약적 생산 도구와 이를 개발하고 운영할 양질의 소수 인력만을 요구하여 기존의 노동집약적 산업 수요를 급격하게 축소시키는 결과를 초래할 수 있다. 그리고 이미 우려된 것과 같이 많은 젊은이들이 신규 노동시장에 진입하기 어려운 상황과 추가적인 노동시장 위축 가능성을 우리는 경험하고 있다. 현재의 전통적 공업화 방식에서만 한정하여 본다면 이는 피할 수 없는 현실이고 많은 실업자를 양산하는 것이 불가피한 것으로 판단할 수도 있다.

그러나 많은 미래 학자들의 견해를 종합해 보면, 그 대응책은 오히려 새로운 산업 구조의 패러다임 이동 속에서 다양한 일자리를 신규로 만들 수 있는 기회가 이전과는 전혀 다른 부분에 잠재되어 있었음을 발견하게 한다. 그 가능성은 지속적인 산업사회의 발전을 가로막는 근본적 한계인 (1) 천연자원의 절대적인 부족 현상, (2) 저질의 대량보다는 양질의 소량이 더 가치 있는, 그리고 (3) 하드웨어보다는 소프트웨어가 더 높은 부가가치를 만들 수 있는 정보사회의 특징에서 더욱 뚜렷하게 부각되는 추세에서 찾아볼 수 있다.

·이 장에서는 이와 같은 배경 속에서 남북한 환경공동체의 이념적 지향하에서 지속 가능한 발전을 위해서는 산업 구조의 근본적인 재편성이 불가피하며 그러한 새로운 변화를 동맥산업과 정맥산업이라는 측면에서 대비해 살펴보고자 한다. 또한 같은 맥락에서 좀더 구체적으로 정맥산업의 사업화 방안 제시를 위해 남북한의 유기비료 공동사업을 중요 사례로 살펴보고 그것의 의미를 평가하고자 한다.

제2절 동맥산업과 정맥산업

1. 정보사회의 새로운 산업 구조

전통적 생산 부문의 그림자로만 잠재되어 있었던 부문이 정보사회의 새로운 패러다임 변화 속에서 새로운 산업 부문으로 등장하고 그것이 육성될 필요성이 급격히 증대되고 있다. 기존의 생산 중심적 공업 구조는 인체 시스템의 동맥(動脈) 기능[1]과 같은 '자원 추출→생산→소비→자원 폐기'라는 단선적 구조를 지니고 있는데, 이러한 구조는 막대한 양의 천연자원을 필요로 하며, 전쟁이나 갈등을 통한 국가 생존 전략이 아니면 더 이상 지속될 수 없는 구조이다. 따라서 불가피하게 정보사회의 산업 구조는 순환성에 연결된 정맥(靜脈) 기능과 같은 소비 이후의 '폐자원 배출→선별 분류→자원 가치 복원－자원 투입'과 같은 순환 구조를 육성해야 하고, 이 부분에서는 많은 새로운 산업 영역과 신규 노

1) 인체생물학적 논의에서는 심장에서 모세혈관까지는 동맥을 통해 혈액이 운반되고 모세혈관에서는 물질 교환이 일어난 다음에는 정맥을 통해 혈액이 심장으로 되돌아간다고 한다. 이와 같은 생물학적 심혈 관계 시스템(cardiovascular system)을 산업 시스템에 적용한다면 기존의 산업사회의 전통적 구조는 심장에서 동맥을 거친 모세혈관까지의 물질 교환에서 끝나는 단선적 구조라고 할 수 있다(김완종 외 역, 2002: 177-190).

동력이 필요하다. 이른바 지속 가능한 발전을 위한 산업 구조의 환경적 변화에 적응하기 위해 동맥산업(arterial industry)과 함께 새로운 정맥산업(venous industry) 육성이 필요하고, 이 분야에서 다양한 양질의 일자리가 창출되지 않으면 안 된다는 것이다.

2. 동맥산업과 정맥산업의 비교

1) 동맥산업의 특징과 한계

동맥산업의 추진은 20세기까지의 대부분 산업 국가에서 경험한 바와 같이 성장과 건설을 우선할 것인가, 아니면 분배와 보전를 우선할 것인가라는 갈등적 사회 구조를 표출시키게 한다. 우리 나라의 경우, 1960년대 산업화를 시작하면서 비유적으로 국토의 동맥을 만들기 위해 경부고속도로를 건설한다는 표현을 많이 사용했다. 막대한 도로 건설에는 많은 신규 자원이 필요하고 그 자본을 조달하기 위해 일본 등 외국에서 차관을 도입했고, 베트남 파병을 하면서 그 반대급부로 필요 재원을 마련한 경험이 있다. 또한 도로를 건설하고 새로운 공장과 건물, 주택을 건실하며 신규 상품을 소비하는 과정에서 부득이 자연환경을 훼손하고 파괴해야만 경제 가치가 증대되는 부분이 필연적으로 있었다. 그러나 40여년의 동맥 중심의 산업화 과정은 한계에 달해 많은 자본을 투입해도 과거와 같은 경제 가치의 증대 효과는 나타나지 않으면서 한계비용은 급증하는 상황에 처해 있고, 일자리는 줄어가는 것이 최근의 현실이다.

2) 정맥산업의 특징과 지속 가능성

정맥산업의 추진은 동맥산업의 그것과는 달리, '성장과 분배', '건설과 보전'에 대한 갈등적 상충 관계를 오히려 벗겨 상호 보완하는 측면이 강하다. 단선적 구조의 동맥산업이 한계에 달한 지점에서 거꾸로 정맥산업의 가능성은 시작된다고 하겠다. 마치 혈관의 끝 부분에서 오염되고 쇠약한 산업 기능이 역으로 회귀하면서 오염물을 수거하고 약화된 기능을 순환시켜 정화시키는 측면이 강하기 때문이다. 동맥산업의 진행 과정과는 반대로 소비되어 버려진 각종 폐자원을 수거하여 안전하게 운반하며 효율적으로 재분류함으로써 자원의 가치를 복원시키는 각각의 단계에서는 전혀 새로운 재원 투자가 요구되고 새로운 인력이 필요, 신규의 다양한 일자리를 만들게 된다. 또한 이러한 정맥산업은 '파괴 과정'을 통해 가치가 창출되는 것이 아니라 '복원 과정'에서 신규 가치가 부가적으로 발생하기 때문에 자연스럽게 순환적 분배 구조를 강화시키는 효과를 창출할 수 있는 것이다. 결국 이와 같은 동맥산업과 정맥산업 상호 보완적인 관계에서 순환적 구조를 형성하게 되고, 그것이 성공적으로 균형을 이룰 경우, 한 단계 높은 수준의 지속 가능한 산업 구조를 구축할 수 있다고 하겠다.

3) 정맥산업 육성의 방향

그렇다면 정맥산업은 어떻게 육성해야 할 것인가? 동맥산업 분야의 한계 상황에서 비롯된 많은 문제점들과 한계점을 해소해 나가는 것에서 정책산업의 출발점을 찾아볼 수 있으며, 이를 세 가지 차원에서 요약하면 다음과 같다.

(a) 연간 폐자원 1억 5천만 톤의 활용 방안 모색: 2002년을 기준으로 우리 나라의 동맥산업 분야를 살펴보면, 남한의 약 4천 7백만 명 인구가 약 596조 4천억 원의 경제가치를 생산하는 과정에서 하루에 약 27만 7천 톤의 폐기물이 발생하고 연간으로는 약 1억 톤이 일차 폐자원으로 분류되어 처리된다고 요약할 수 있다(생활폐기물 49,902톤/일, 사업장폐기물 219,646톤/일, 지정폐기물 7,985톤/일, 기타 대기오염물질 수질오염물질 등). 그러나 1억 톤에는 고형화되지 않은 폐자원의 양은 제외되어 있다. 대표적인 축종인 소, 돼지, 닭에서 배출되는 축분은 하루에 약 9만 6천 톤으로 연간으로는 약 3천 5백만 톤이며 사람의 인분까지 포함

할 경우 그 양은 5천만 톤을 상회한다. 따라서 우리 나라에서 쉽게 측정할 수 있고 순환할 수 있는 폐자원의 양은 연간 약 1억 5천만 톤이라고 할 수 있다. 이와 같은 연간 1억 5천만 톤 규모의 막대한 폐자원에 대한 체계적인 관리와 순환 체계 구축에서 정맥산업은 출발할 수 있다.

(b) 폐자원의 효율적 회수와 자원화 전략을 위한 인력: 모든 폐자원이 버려지는 것은 아니지만 그것이 어디에서 얼마나 어떤 성상(性狀)으로 발생되어 잔류되거나 처리되는가에 대한 종합적인 조사는 현재까지 부재한 상태이다. 그러나 기존의 다양하게 이루어진 연구 자료와 데이터를 재구성하면 전체적 윤곽을 파악할 수 있을 것이며, 이를 통해 계획과 전략을 수립할 수 있다. 우선 ① 국내에 유입되는 신규 자원(석유를 비롯한 각종 지하자원, 목재를 비롯한 곡류, 중간 생산재 및 최종 소비재)과 그것의 가공과 소비 과정 이후에 버려지는 부분에 대한 다각적인 통계 자료 활용은 폐자원의 자원 가치 회복을 위한 가이드라인을 제시할 근거로 활용될 수 있다. ② 기술적인 부분에서 필요한 사안들이 제시될 수 있으며, 이 때 필요한 기술 육성과 투자에 필요한 핵심이 무엇인가를 확인할 수 있고, 이에 대한 투자 설계가 가능할 수 있다. ③ 정책적인 부분에서 기술과 제도가 연계될 수 있도록 정부의 지원 체계를 재구성하여 정부 각 부처의 이해 관계와 규제 및 지원 방안에 대한 구체적 계획이 마련될 수 있으며, 그에 따른 시장의 조건과 필요되는 재원과 인력, 그리고 산업 효과 등을 측정해 볼 수 있다.

(c) 정맥산업 성장을 위한 추진: 정맥산업은 새로운 산업의 틀(framework)을 짜는 분야이므로 기존의 동맥산업의 육성과 발전에 맞추어져 유지된 지난 40여년 동안의 기능적 분업화 조직과는 큰 차이를 보일 수밖에 없다. 따라서 심장에서 말초의 모세혈관까지라는 중심에서 외곽으로 전달되는 구조와는 다른 정부 구조와 산업 구조가 필요하다. 우선 중앙정부보다는 지방자치단체, 대기업보다는 중소형 업체라는 차원에서 접근해 볼 수 있다. 또한 기능적 분화보다는 유기적 결합이 더

필요한 것이 정맥산업의 영역이라고 하겠다. 따라서 이를 위해서는 초기 단계에서 정맥산업의 구조설계를 위한 연구 프로젝트팀과 그 실천적 작업의 업무 추진을 위한 태스크포스팀이 동시에 가동되어야 하며, 이것의 추진력을 위해서는 마치 심장의 추진력뿐만 아니라 흡입력을 갖는 이른바 정부의 모든 업무를 총괄하는 지위와 금융 흐름을 총괄하는 지위의 공동 지원이 요망된다. 그리고 추진력이 가속화되면 실질적 역할은 각 지방자치단체와 중소형 업체를 중심으로 자연스럽게 이루어질 수 있도록 해야 한다.

3. 정맥산업 육성에 따른 기대 효과

1) 다양한 신규 일자리의 창출

기존의 동맥산업 분야에서 이미 나타나고 있는 경화 현상이 정맥산업 분야에서는 오랜 기간 나타나지 않을 것으로 예측된다. 이는 포화 상태에 있는 동맥산업 분야와는 달리 정맥산업의 분야는 신설되는 산업 영역이기 때문이다. 구체적 조사가 있어야겠으나 현재 약 2,200만 명의 취업자 가운데 근로 조건이 취약한 근로자 220만 명(약 10%)들은 좀더 조건이 개선되고 안정적인 정맥산업 분야로 이동할 것이며, 그 가운데 일부 근로자와 신규로 진입하는 약 20만 명(1%)의 인력은 지식 집약형 사업자 또는 근로자로 성장할 것으로 예상된다.

2) 총 근로 인력 목표 규모는 2,500만 명 수준

따라서 정맥산업이 안정 단계에 진입하는 2010년 이후에는 총 근로 인력 규모 약 2,500만 명이 될 것으로 예상 시나리오를 설정할 수 있다. 물론 여기에는 기술의 진보와 재정 투자의 규모가 중요한 변수로 작용한다. 우선 기존의 동맥산업 분야에서 필요없어지는 약 200만 개의 일자리를 정맥산업이 흡수하고 추가적으로 약 300만 개의 일자리를 창출함으로써 정맥산업 인력은 약 500만 명 수준이 될 것으로 예상할 수 있다. 일자리의 질적 측면에서 볼 때 약 20만 명(4%)은 지식집약형 근로자, 80만 명(16%)은 중간관리 수준의 근로자, 300만 명(80%)은 단순 노무직 근로자로 일하게 될 것으로 예측할 수 있다.

3) 정맥산업에서 매년 30~50만 명의 일자리 창출

따라서 2005년부터 매년 기존의 약 10~20만 명은 근로 조건을 개선하는 방향에서, 약 20~30만 명은 신규의 일자리로서 다양한 정맥산업 분야 일자리가 개선 및 창출될 것으로 예상된다. 이와 관련, 다양한 정맥산업의 각 분야별 상황 조건과 그 사업적 타당성을 검토할 필요가 있을 것이다. 다음에서는 그 대표적 분야 가운데 하나로서 농업 부문 가운데 정맥산업을 통한 남북한 축분 비료화 사업에 대한 현황과 그 타당성 검토를 사례 연구로 제시하고자 한다.

제3절 정맥산업을 통한 남북한 유기성 축분비료 사업

남한과 북한은 농업 부문에서 21세기 초, 대단히 어려운 상황에 처해 있고 이는 산업사회의 동맥산업 시각에서만 판단한다면 농업 부문을 축소, 심지어 포기하는 것이 타당하다는 주장까지도 나오게 한다. 그러나 정맥산업 분야에서 바라본다면 남한과 북한의 농업 위기는 오히려 매우 바람직한 산업 구조 혁신의 가능성을 지닌 것으로 평가할 수 있다. 이와 관련하여 먼저 남북한의 농업 위기 현황을 살펴보고 동맥산업에서는 폐기물로 여겨지는 막대한 양의 남한 축분의 자원적 가치를 재검토함으로써 그것이 지니고 있는 사업적 타당성을 제시하고자 한다.

1. 남북한의 농업 위기 현황

1) 남한과 북한의 상반된 농업 위기 원인

사실 남한과 북한의 농업 현황은 대내외적으로 심각한 위기 상황에 직면하고 있다. 먼저 남한 농업의 경우, WTO 체제하의 농축산업이 근본적 구조 개편을 시급히 필요로 하는 상황임에도 불구하고 계속되는 구제역과 광우병 충격, 그리고 농축산물의 개방 가속화 등으로 어려운 실정에 처해 있기 때문이다. 더욱이 대규모 축산 농가에서 고밀도로 배출되는 축분 등의 유기물질은 과거와 같은 자가 퇴비화 방식을 적용, 처리하기 어려운 구조로 바뀌었으며, 저가의 화학비료 공급 체계는 축분비료의 수요를 극도로 축소시켰다. 그 결과, 적정 처리를 하지 못한 채 방치되고 있는 남한의 고농도 유기물질들은 지역의 토양과 수변 환경을 심각하게 오염시키는 주된 원인이 되고 있다. 결국 정부는 막대한 규모의 재정을 투입하여 기계적으로 축산 폐수처리 시설을 공급, 상수원 수질 등을 보호하고자 노력하고 있으나, 한정된 공공 재정으로 대량의 고농도 축산 폐수를 기술적으로 완전하게 처리하는 것은 사실상 불가능한 실정이다.

남한의 농업 현황과는 대조적으로 북한은 상당 기간 무분별한 개간으로 인해 토양에 유기물질이 적고, 토질도 피폐화되어 있는 실정이다. 토지의 사막화 현상이 가속화되는 상황에서 북한의 농업은 극도의 위기 상황에 처해 있고 이를 해소하기 위한 몇 가지 특단 조치들이 취해지고 있다. 그 가운데 하나가 지력 회복이 절실하다는 이유로 외부로부터 화학비료를 다량 공급받고자 하는 것이며, 이에 응한 남한 정부는 상당량의 화학비료를 북한에 무상 공급하고 있다. 그러나 이와 같은 단기적 조치들은 북한의 농업 구조 개선을 위해 바람직하지 못하다는 비판적 시각도 있다. 또한 쌀이나 화학비료 지원과 같이 북한에 대한 일방적 지원이 남한 경제 상황에 도움이 되기 어렵다는 우려감은 현 정부의 대북 정책에 큰 부담으로 작용하고 있으며, 이익을 추구하는 사기업들이 경제 주축을 이루고 있는 남한으로서는 더더욱 대북 협력 사업을 기피할 수밖에 없는 현상으로 귀착되고 있다.

2) 남북한 농업의 상호 보완적 관계성

그러나 환경적 측면에서 남한과 북한의 농업 위기를 다시금 조망해 보면 상호 보완적 관계가 강하게 형성되어 있음을 발견한다. 그 가운데 하나의 예로서 남한에는 축분을 비롯한 유기물질이 너무 많아서 수질 및 토양오염 문제가 발생하고, 북한에는 그와 같은 유기물질이 너무 적어서 토지의 사막화 현상이 일어나고 있다는 측면이다. 더욱이 최근의 WTO 체제하에서는 인위적인 농업보조금이 감축 또는 중단되지 않으면 안 되는 상황이고 결국, 화학비료의 구매에 지원되던 정부보조금은 폐지될 상황에 있다.

이에 비해 환경 친화적 농업을 위한 토양 복원에 사용될 퇴비 등 유기비료 구매에는 오히려 정부보조금이 적극 지원될 수 있는 체제로 농산물 교역 구조가 전환되고 있어서 유기비료의 생산 및 공급 조건은 과거보다 크게 개선될 상황을 목전에 두고 있다(한국농정, 2000. 12. 7). 결국 화학비료의 구매 가격은 급격히 상승하여 수요가 감소하겠지만, 상대적으로 이를 대체할 유기비료의 구매 가격은 인하되어 수요가 크게 증가될 수 있다는 것이다. 이와 같은 남북한의 농업 현황과 대내외적 변화를 적극적으로 해석한다면 남북한 농업 위기는 상호 협력적 관계로 그 해결책을 찾을 수 있는 분수령을 맞고 있다고 볼 수 있다. 요컨대 남북한의 환경 친화형 농업 구조 개편이 그 당위성뿐만 아니라 실천적 효과성을 동시에 갖출 수 있는 요건이 마련되고 있다는 것이다.

이와 같은 맥락에서 이 연구는 남북한의 환경 친화형 농업 또는 본격화될 유기농업의 실천 일환으로서 '남북한 축분비료 공동사업'이 갖고 있는 잠재적 가치를 앞서 논의된 정맥산업 분야 가운데 대표적 분야로 재인식하면서 그것의 사업적 타당성을 평가하고자 한다.

2. 남한의 잉여 유기물에 의한 환경오염

전통적으로 한국의 농가에서는 부업 형태의 소규모 자가 축산이 행해졌다. 그러나 1980년대 이후 소득 수준의 향상과 함께 육류 소비량이 급격히 증가, 기업형·전업형 축산업으로 전문화·대규모화되는 특징을 보이고 있다. 그 결과, 과거와 같은 유축 농업 생산 시스템에서 자연스럽게 행해졌던 농업과 축산업의 상호 보완적 측면은 사라지고 대량의 가축 분뇨가 집중적으로 발생하여 수질 환경을 극도로 위협하고 있는 실정이다.

1) 축종별 분뇨의 발생량

가축이 섭취한 물과 사료는 가축 분뇨(livestock manure)로 전환되어 발생하는데, 그 성상은 축종별로 차이가 있다. 특히 가축의 사료가 어떠한 것인가에 따라서 분뇨 발생량은 차이가 있으나 일차적으로 이와 관련된 조사 결과를 인용하여 축종별 표준 발생량을 산정하고자 한다(김

〈표 5-1〉 축종별 가축 분뇨의 발생량

축종	배출원 단위별 발생량			사육 두수 및 축분 발생량		
	분 (kg/두/일)	뇨 (kg/두/일)	분뇨 발생량 (kg/두/일)	사육 두수 (천두)	일평균 발생량 (톤/일)	연간 발생량 (톤/년)
육우	10.1	4.5	14.6	2,383	34,791.8	12,699,007
젖소	24.6	11.0	35.6	539	19,188.4	7,003,766
돼지	1.6	2.6	4.2	7,544	31,684.8	11,564,952
닭	0.12	-	0.12	85,847	10,301.6	3,760,098
총계				96,313	95,966.6	35,027,893

자료: 김창길(1999: 55-56) 참조하여 재작성.

창길, 1999). 그리고 현행 '오수 분뇨 및 축산 폐수의 처리에 관한 법률'에서는 폭넓게 가축 분뇨를 포함한 가축 세척수 등을 총괄하여 축산 폐수로 규정하고 있는데 이 연구에서는 가축 분뇨를 중심으로 그 발생량을 살펴보고자 한다.

육우, 젖소, 돼지, 닭의 축종별 분뇨 발생량을 살펴본 결과, 총축분 발생량은 연간 3,502만 톤으로 추정되며, 이 가운데 육우 축분은 연간 약 1,270만 톤(36.2%), 젖소 축분은 약 700만 톤(20%) 돼지 축분은 약 1,156만 톤(33%), 닭 축분은 376만 톤(10.7%)인 것으로 파악되었다. 이와같이 막대한 양으로 발생, 배출되는 축분은 고농도 유기물로 구성되어 있으므로 적정하게 활용되지 못하고 폐기된다면 극심한 환경오염을 일으키는 원인이 될 수 있다. 예컨대 육우 분의 경우 BOD가 농도 기준으로 약 25,000ppm, 젖소 분은 약 21,000ppm, 돼지 분은 약 60,000ppm, 계분은 약 65,000ppm인 것으로 조사된 바 있다(한국과학기술원, 1990). 이와 관련된 유사한 외국의 최근 조사 내용은 그 심각성을 더욱 분명하게 설명하고 있기도 하다(환경기술, 2000. 6).

2) 가축 분뇨의 환경 부하량

가축 분뇨의 환경 부하량을 사람의 생활오수 부하량과 비교하여 그 환경 오염량을 검토하면 다음과 같다. 즉 BOD 농도를 고려한 유기물질 부하량으로 육우와 젖소의 평균 환경 부하량을 측정하면 대체로 소 한 마리당 약 800g/일인 것에 비해 사람은 분뇨가 13g/일, 생활오수가 약 40g/일인 것으로 평가 조사된 바 있다.[2] 그러므로 소 1마리의 환경 부하량은 분뇨 기준으로는 약 62인분이며, 생활하수까지 모두 포함해서는

---

2) 일본의 조사값을 인용한 것이므로 우리의 그것과 다소간 차이가 발생할 수 있음을 밝혀두고자 한다(환경기술, 2000. 6: 14-19). 특히 이와 같은 통계 자료는 국내에서도 각 조사 시점과 지역에 따라서 다소간의 편차가 발생할 수 있을 것이다. 따라서 이 연구에서는 가축과 인간의 환경 부하량을 상대적으로 비교 측정하는 자료로 활용하는 것이 바람직하다고 판단했다.

약 20인분에 해당한다고 할 수 있다. 돼지의 경우는 평균 환경 부하량이 대체로 한 마리당 약 200g/일이고, 닭은 약 5g/일으로 추정된다. 따라서 돼지의 환경 부하량은 사람의 4배이며, 닭은 사람의 0.1배 수준이라고 평가할 수 있다. 이와 같은 통계값으로 인간과 가축의 환경 부하량을 비교하여 가축 분뇨의 환경 부하량을 계량화하여 이 결과를 요약하면 다음과 같다.

〈표 5-2〉 사람의 분뇨 및 오수 발생량에 대비한 가축 분뇨의 환경 부하량

	총 사육 두수 (마리)	사람의 환경 부하량 대비 축종별 분뇨의 부하량 계수	축종별 총 분뇨 부하량 (인간 대비 분량)
소	2,922,000	20	58,440,000
돼지	7,544,000	4	30,176,000
닭	85,847,000	0.1	8,584,700
	사람에 대비한 가축 분뇨의 환경 부하량		97,200,700인(人) 분량

자료: 환경기술(2000. 6)의 내용을 기초로 재구성.

이와같이 우리 나라에서 사육되고 있는 소, 돼지, 닭에서 발생되는 축분의 양은 사람들이 발생시키는 분뇨 및 생활오수의 양과 비교할 때, 약 9,720만 명의 사람이 발생시키는 환경 부하량에 해당한다고 하겠다. 결국 남한에는 사람이 일상 생활에서 발생시키는 생활오수 관련 환경 부하량보다 가축에 의해서 발생되는 분뇨의 환경 부하량이 두 배 이상이라는 것을 알 수 있으며, 이는 남한에 약 '1억 4천만 명'의 인구가 생활하는 것과 유사한 생태적 과포화 상태에 처해 있음을 반증한다. 더욱이 수도권 지역은 한강을 중심으로 사람의 인구밀도뿐만 아니라 가축의 사육 농가 역시 밀집되어 있어서 전국과 대비할 때, 그 환경 부하의 발생 속도가 매우 빠르고 부하량의 농도 역시 상대적으로 높아 적정 처리를 어렵게 하고 있어서 한강 유역 수질오염의 주요 원인이 되고 있다. 이와 관련하여 한강 유역으로 유입되는 가축 분뇨 관련 수질오염 발생량은

47,180kg/일(BOD)이라고 조사된 바 있다(경기개발연구원, 1997).

3) 축분의 비료적 가치

(a) 가축 분뇨의 성분: 가축 분뇨는 유기물을 풍부히 함유하고 있어서 토양으로 환원, 작물 생산과 지력 유지에 중요한 역할을 한다. 비료 성분에는 주요 3요소(N, P, K) 외에도 Ca, Mg 등 미량 요소들도 다양하게 함유하고 있으며 비료의 효과도 완만한 특성을 지니고 있다. 축종별 분뇨의 성분 특징을 보면 소의 분(牛糞)의 경우, 유기물은 매우 풍부하지만 비료의 3요소 함량이 낮고 비효(肥效)의 발현도 다른 가축분에 비해 낮은 편이다. 그러나 토양의 유기물 원료로는 그 가치가 매우 높아서 분뇨의 혼합물을 부숙한 것은 비효가 크다고 할 수 있다. 이에 비해 닭의 분(鷄糞)은 소의 분(牛糞)에 비해 비료 성분, 특히 P와 K의 함량이 높은 것이 특징이다. 비료의 효과도 가축 분뇨들 가운데 가장 빠르게 나타나서(速效性), 화학비료를 충분히 대체할 수 있을 정도이지만, 토양의 유기물을 공급하는 원료로서는 우분(牛糞)에 비해 부족한 것으로 평가된다. 한편 돼지의 분(豚糞)은 대부분의 측면에서 우분(牛糞)과 계분(鷄糞)의 중간적 성질을 가지고 있다고 보고된 바 있다(전학문, 1994: 19-22).

(b) 축종별 분뇨의 비료 성분량: 위의 가축 분뇨 조성과 성질에서 살펴본 바와 같이 우분과 돈분, 계분은 어떤 상태(생, 발효, 건조)에 있는가에 따라서 그 비료의 성분 구성비가 크게 차이날 수 있는 것으로 나타나고 있다. 국내의 관련 연구 가운데 그 성분 표준값을 측정한 자료를 토대로 육우와 젖소, 돼지, 닭의 분뇨 발생량 가운데 3대 비료 성분량을 측정한 결과를 활용하면 다음과 같이 요약된다. 우선 육우의 연간 분뇨 발생량은 약 1천 2백만 톤, 젖소는 약 7백만 톤, 돼지 약 1천 1백만 톤, 닭 약 3백만 톤으로 추정되며 그 가운데 3대 비료 성분인 질소는 약 20만 톤, 인산은 약 18만 톤, 칼리는 약 17만 톤 정도가 함유되어 있는 것

으로 조사되었다.

〈표 5-3〉 축종별 분뇨의 비료 성분량[1)]

축종	분뇨 발생량 (톤/년)	비료 성분 함유율(%)			가축 분뇨의 비료 성분 추정량(톤/년)		
		N[2)]	P_2O_5	K_2O	N	P_2O_5	K_2O
육우	12,699,007	0.4	0.2	0.5	50,796	25,398	63,495
젖소	7,003,766	0.5	0.1	0.5	35,019	7,004	35,019
돼지	11,564,952	0.5	0.8	0.4	57,825	92,520	46,260
닭	3,760,098	1.7	1.6	0.9	63,922	60,162	33,841
총 계	35,027,893				207,561	185,084	178,615

주 1) 가축 분뇨의 조성과 성질은 전학문(1994: 19-20)의 변동값을 고려했으며, 김춘수·최홍림·강성모(1995)의 비료 성분 함유량의 표준값을 적용해 추정한다.
2) N: 질소, P_2O_5: 인산, K_2O: 칼리

3. 북한 농업의 유기물질 결핍화

1) 남북한 농업의 비교 현황

북한의 국토 면적은 남한보다 23.5%가 넓고, 인구는 절반 정도이므로 북한의 인구밀도는 남한에 비해 매우 낮다. 그러나 농가 인구는 북한이 약 800만 명으로 남한의 약 440만 명에 비해 두 배 가까운 비율이어서 상대적으로 농업 의존도가 매우 높다는 것을 알 수 있다. 예컨대, 국내 총생산액 가운데 농림·어업이 차지하는 비율을 보면, 남한의 경우 4.9%에 불과하지만 북한은 29.6%에 달하고 있기 때문이다.

한편 북한의 총 경지 면적은 1,992천ha이며 이 가운데 논은 585ha이고, 밭은 1,407ha인 것으로 FAO는 추정하고 있다. 남한의 경지 면적과 비교할 때, 논은 남한의 절반 규모이지만 밭은 오히려 두 배 이상 넓은 것으로 보인다. 식량 생산에서도 논이 넓은 남한은 주된 식량 작물 생산이 쌀에 편중되어 연간 5,097천 톤이 생산되며, 옥수수 정도가 80천 톤 생산될 정도이어서 전체 식량 생산량은 총 5,759천 톤/년에 이른다.

반대로 북한의 식량 작물 생산량은 옥수수가 대부분을 차지하여 연간 1,947천 톤이 생산되며 쌀은 이보다 적은 1,467천 톤이 생산되어 전체 식량 생산량은 총 3,886천 톤/년에 이르고 있다.

〈표 5-4〉 남북한 농업 현황의 비교

구 분	단위	남한(A)	북한(B)	B/A(%)
국토 면적	천 ha	9,941	12,276	123.5
인 구	천 명	46,858	22,082	47.1
농가 인구	천 명	4,400	8,009	182.0
경지 면적	천 ha	1,910	1,992	104.2
논		1,157	585	50.5
밭		753	1,407	186.8
식량 작물 생산량	천 톤	5,759	3,886	67.4
쌀		5,097	1,467	28.7
옥수수		80	1,947	2433.7
10a당 곡물 수확량	kg	432	255	59.0
농민 1인당 생산성	kg	1,308	485	37.0

자료: 농림부 자료(2000).

그러나 북한 농업의 문제는 쌀의 생산량이 적다는 것보다는 옥수수를 포함한 식량의 절대 생산량이 경작 면적에 비해 매우 적다는 점에 있다. 특히 농업 종사자가 800만 명에 이르고 있음에도 불구하고 10a당 쌀 수확량은 255kg에 불과하여 남한의 432kg과 비교할 때, 52.7%에 불과한 수확량을 보이고 있음은 문제가 아닐 수 없다. 결국 곡물 수확에서 북한 농민 1인당 생산성은 남한 농민의 생산성의 37% 수준에 불과하다.

그렇다면 이와 같은 북한 농업의 문제점은 과연 어디에서 기인하는 것일까?

2) 북한 농업의 문제점과 가능성

북한은 1958년 전체 농민과 농지 면적을 3,000여 개의 리(里) 단위 협동농장과 1,000여 개의 국영농장으로 묶어서 농업의 집단화를 이루어 왔다. 북한은 이와 같은 중앙집권적 집체 생산 방법으로 농업 생산성을 높여 갔으나 1990년대, 소련과 동구권의 경제 블록 몰락의 영향을 받아 농업 생산의 구조적 한계에 봉착하게 되었다. 더욱이 무리한 산림 개발과 경지 면적 확대 등은 계속되는 자연 재해의 근본적 원인을 치유 불능 상태로 몰아넣게 한 악순환의 연결고리가 되고 있다. 결국 북한 농업의 구조적 문제점은 무엇보다도 집단 체제의 비효율성과 주체 농법이라는 획일적 강제 지시에 따른 창의와 의욕이 없이 순응해야 하는 생산 농민의 사기 저하에서 출발하고 있다고 한다(통일연구원, 2000). 또한 산림 훼손에 의한 자연재해로 경지 면적이 훼손되고 산사태로 인한 복구 불가능한 농지 확대로 중앙 배급 제도의 유지마저 어려운 상황에 직면해 있다.

이와 같은 북한 농업의 문제점은 구조적 문제점으로서 사회주의 체제의 중앙집권화된 정치적 문제를 풀지 않으면 해결하기 어려운 부분이 대부분이다. 그러나 정치적인 구조적 문제가 아닌 것에 기인한 측면도 상당 부분 있음을 간과할 수 없다. 그 가운데 우선적으로 제시되는 문제로는 바로 다비성(多肥性) 작물인 옥수수의 연작과 계속적인 단작으로 농지가 척박해짐에 따라서 토양의 산성화, 병충해 발생, 작물 생육의 불량함 등이다. 결국 앞서의 구조적 문제점은 정치 체제가 변화되어야 풀 수 있는 문제라고 한다면 후자의 문제는 농업에 한정해 볼 때, 그 해결책을 찾아볼 수 있는 부분이라고 하겠다.

북한 농업의 가능성은 농민들에게서 찾아볼 수 있다. 오랜 기간 철저한 집단교육을 받아 온 북한 농민들에게 (a) 생산 욕구, (b) 생산 도구가 충분하다면 현재의 생산성보다 3배 이상 높일 수 있는 가능성이 충분하기 때문이다. 따라서 1979년 중국에서 덩샤오핑(鄧小平)에 의해 시행된 바 있는 개인 영농과 시장 매매를 북한에서도 비슷한 수준까지 허용하게 된다면 (a)의 생산 욕구를 크게 자극시킬 수 있을 것이다. 그리고 이에 상응한 (b)의 생산 도구로서 노동 집약적인 북한 농업 특성에 맞는 충분한 비료를 공급할 수 있다면 척박한 북한 경작지의 지력을 회복할 수 있다고 하겠다(한국농촌경제연구원, 1999. 12).

3) 북한 농업의 유기비료 필요량

위의 북한 농업의 가능성 가운데 정치 체제의 변화 이외의 것에서 그 해법을 찾는다면 역시 그것은 농업 생산 도구의 충분한 공급이라고 하겠다. 그리고 북한의 농업 생산 도구 가운데 가장 중요하고 또한 부족한 것은 '비료'이다. 북한의 경우, 1995년도까지는 실중량으로 428만 톤의 화학비료를 생산할 수 있었으며 이를 성분량으로 환산할 경우, 질소 약 60만 톤, 인산 약 30만 톤, 칼리 약 30만 톤 등 총 120만 톤에 달했다고 한다(권태면, 1999). 그러나 1998년에 공급된 양은 질소 약 11만 6천 톤, 인산과 칼리 18만 1천 톤이며, 이마저도 시설의 노후화와 원료 및 연료의 부족으로 사실상 공급이 제대로 되지 못하고 있는 실정이다. 더욱이 오랜 화학비료의 사용과 계속된 재해로 인해 경작지는 심하게 산성화되어 유기물질을 다량 포함하고 있는 유기비료의 공급이 매우 시급한 상황이다(석현덕, 1999).

이와 같은 북한 농업의 현실 속에서 추정되고 있는 식량 및 원예 작물용 비료 수요량은 다음과 같다.

〈표 5-5〉 북한의 총 비료 수요량 추정(성분량 기준)

구 분	재배 면적 (천 ha)	ha당 평균 시비량 (kg)			총 수요량		
		질 소	인 산	칼리	질소	인산	칼리
벼, 옥수수 등 식량 작물	1,480	122	99	98	181,800	146,740	145,740
채소 등 원예 작물	410	217	140	162	89,000	57,400	66,500
총비료 수요량	1,890	143	108	112	270,800	204,140	212,240

자료: 통일연구원(2000: 113-116); 한국농촌경제연구원(1999a: 61-68).
FAO, AREP., Report No., 98/093 UNDP-DRK, Nov. 20, 1998.

제4절 남북한 축분비료 사업의 경제적 타당성 평가

1. 축분의 유기비료화 사업

앞서 살펴본 바와 같이 남한에서는 축분에 의한 유기비료의 공급 가능량이 상당한 수준에 있음을 알았고, 북한은 그와 같은 유기비료의 수요가 매우 긴요한 상황에 있음을 알 수 있었다. 즉, 남한의 축분에 의한 유기비료 총공급 가능량은 질소 207,561톤/년, 인산 185,084톤/년, 칼리 178,615톤/년에 달하고, 이에 대한 북한의 총수요 가능량은 질소 270,800톤/년, 인산 204,140톤/년, 칼리 212,240톤/년이라고 할 수 있다. 연구의 일관성을 위해 식량 생산과 관련된 직접적 수요 부분만을 고려하여 다음과 같은 축분비료의 공급 가능량과 수요 가능량에 대해서만 한정하면 아래와 같다.

〈표 5-6〉 남북한의 유기비료 공급 가능량과 수요 가능량(성분량 기준, 단위: 톤/년)

구 분	남한의 유기비료 공급 가능량(A)	북한의 유기비료 수요량(B) (벼, 옥수수 등 식량작물 부분)	공급량 대비 수요량 (A)/(B)
질소	207,561	181,800	114%
인산	185,084	146,740	126%
칼리	178,615	145,740	122%

자료: 통일연구원(2000: 113-116); 한국농촌경제연구원(1999a: 61-68);
FAO, AREP., Report No., 98/093 UNDP-DRK, Nov.20, 1998.

2. 축분비료 사업의 남한측 직접 편익

1) 화학비료의 대체 가치

앞서 남한의 축종별 분뇨의 비료 성분량에서 살펴본 바와 같이 1998

년을 기준으로 질소는 연간 207,561톤, 인산은 연간 185,083톤, 칼리는 연간 178,615톤이 발생한 것으로 평가된다. 이는 주요 3대 비료 성분의 양만을 평가한 것이므로 CaO, MgO 등의 비료 성분과 유기물질까지 포함한다면 그 양은 더 증가할 것이다. 그러나 우선 그 양의 대부분을 차지하고 있는 3대 비료 성분을 중심으로 그 경제적 가치를 평가하면 <표 5-7>과 같다.

〈표 5-7〉 축분의 비료 성분 발생량과 그 경제적 가치1)

축종	축분의 비료 성분 발생량 (톤/년)			축분의 성분별 경제적 가치 (천 원/톤)			
	질소	인산	칼리	질소 N=265[2)]	인산 P_2O_5=182	칼리 K_2O=257	소 계
육우	50,796	25,398	63,495	13,460,940	4,622,436	16,318,215	34,401,591
젖소	35,019	7,004	35,019	9,280,035	1,274,728	8,999,883	19,554,646
돼지	57,825	92,520	46,260	15,323,625	16,838,640	11,888,820	44,051,085
닭	63,922	60,162	33,841	16,939,330	10,949,484	8,697,137	36,585,951
합계	207,561	185,084	178,615	55,003,930	33,685,288	45,904,055	134,593,273 (약 1,345억원/년)

주: 1) 이 논문 <표 5-3>에서의 결과를 고려했으며, 김춘수·최홍림·강성모(1995), 자료를 근거로 추계함.
주 2) 경세적가치 선환 계수

1998년을 기준으로 비료공업협회에서 밝힌 비료의 성분별 가격은 질소질 비료(요소)는 톤당 265,000원, 인산질 비료(용성인비)는 182,000원, 칼리질 비료(염화칼리)는 257,000원으로 추정되었다.[3)] 따라서 연간 축분의 비료 성분 발생량은 질소 207,561톤, 인산 185,084톤, 칼리 178,615톤이며, 이것의 경제적 가치를 화학비료의 대체 가치만으로 평가한 결과, 연간 1,345억 원의 경제적 가치가 있는 것으로 파악되었다. 물론 이

3) 축분 비료의 성분별 비료 가치는 화학비료의 그것과 비교하여 산정한 것이므로 토양의 지력 회복과 같은 외부적 효과를 고려한 유기비료의 가치 부분은 산정하지 못하고 있다(김창길, 1999).

와 같은 평가에는 유기비료가 지니고 있는 토질 개선 효과 등의 간접적 효과는 포함되지 않았다.

2) 축산폐수 처리시설의 대체 가치

한편, 이와 같은 축분의 화학비료 대체 가치와는 별도로 축분의 유기비료화로 인한 축산폐수 처리비용 절감액은 관련 처리시설물의 건설과 운영비용을 직접적으로 대체한다는 측면에서 직접적 가치로 산정할 수 있다. 물론 앞서의 유기비료의 환경적 측면과 같이 수질보전 효과 등을 포함할 수도 있으나 이는 직접적 편익 가치라기보다는 간접적 편익 가치라고 할 수 있으므로 다음에서는 직접적 편익 부분에 한정하여 살펴보고자 한다. 우선 축산 폐수처리 시설물의 총비용은 선행 연구에서 산출된 바와 같이 7조 2,020억 원이지만 이를 20년 동안 사용한다면 연평균 비용은 360,100,496천 원이라고 평가할 수 있다(김정훈, 2001). 따라서 이 같은 축산폐수 처리시설의 건설과 운영에 소요되는 연간 비용이 축분의 유기비료로 전환될 경우, 시설물의 건설과 운영에 소요될 비용을 대체할 수 있으므로 이는 유기비료화사업의 직접적 경제 가치(직접 편익)로 산정될 수 있다고 하겠다.

3) 축분의 유기비료화 사업에서의 남한측 직접 편익

이와 같은 내용을 정리하면 축분의 유기비료화 사업의 직접적 경제 가치로, ① 연간 발생되는 축분의 화학비료 대체 가치, ② 축산폐수 처리시설의 건설 및 운영 비용에 대한 연간 대체 가치를 직접 편익(direct benefit)으로 계상할 수 있으며, 이를 합산하면 남한이 얻는 축분의 유기비료화 사업에서의 직접적 경제 가치는 연간 494,693,769천 원에 달한다고 평가된다.

4) 축분비료 사업의 북한측 직접 편익

북한이 수요하고 있는 총 687,140톤/년의 질소, 인산, 칼리 성분 가운데 식량 부분의 474,280톤/년(전체 수요의 69%)의 비료가 원활히 공급되어 북한의 식량 부문 농업 생산성이 남한의 그것에 상응할 정도에 달할 수 있다면 그 경제적 가치는 실로 막대하다고 하겠다. 이를 위해서는 먼저 북한 농민의 생산 동기를 제고할 수 있도록 농업 생산물의 사유화가 추진되어야 한다. 그리고 만일 적정한 수준으로 농민의 생산 동기가 강화되고 적정한 비료 공급으로 북한의 농업 생산성이 남한의 그것과 비슷한 수준에서 이행될 수 있다는 가정하에서 그 경제적 가치를 추정하면 다음과 같다.

첫째, 북한의 논 면적 585천ha에 남한의 쌀 수확량 4.8톤을 곱하면 282만 톤/년의 쌀 생산량이 가능하게 된다(통일연구원, 2000. 12). 현재의 2.5톤/ha 생산성의 약 두 배에 달하는 규모이며 146만 톤/년보다 약 136만 톤/년이 증산되는 효과를 거둘 수 있다. 쌀 증산분에 대한 국제 쌀가격으로 400달러/톤을 적용하면 이는 544,000,000달러(=7,072억 원)의 경제적 이익을 얻는 효과를 가져온다.

둘째, 북한의 밭 면적 1,407천 ha에 남한의 곡물 수확량 4.3톤을 곱하면 605만 톤/년의 옥수수 등의 곡물 생산이 가능하다. 이는 현재의 194만 톤보다 연간 약 411만 톤이 증산되는 효과를 거둘 수 있다. 옥수수의 증산분에 대한 국제 옥수수 가격으로 200달러/톤을 적용하면 이는 822,000,000달러(=1조 686억 원)의 경제적 이익을 얻는 효과가 발생한다.

그러나 비료가 충분히 공급되었다 해도 북한 농민들의 자발적 생산 욕구가 선행되지 않는다면 남한 수준의 단위 면적당 생산성이 나타날 수는 없을 것이다. 반대로 혁신적 체제 정비로 북한 농민들의 생산 욕구가 남한 농민들의 그것보다 더 높아진다면 비료가 생산성 향상에 미치는 영향은 더욱 커질 것이며, 남한의 단위 면적당 생산성보다 높아질 수 있는 가능성도 충분하다. 따라서 북한 농업의 생산성에 미치는 비료의 경제적 효과는 여타의 다른 조건들이 어떻게 변하는가에 의해 크게 변할 수도 있다. 그러므로 일단 여타 조건이 일정하고 충분한 비료가 공급

됨으로써 남한의 농업 생산성 수준에 근접하는 정도에 따라서 그 경제적 가치를 환산하면 다음과 같다.

우선 북한의 경우 유기비료의 충분한 공급에 의해 남한의 생산성과 비슷한 수준에서 기존 경작지에서 식량이 추가로 생산된다면(사례 1), 쌀은 연간 136만 톤이 증가(경제적 가치는 7,072억 원)하고, 옥수수는 연간 411만 톤이 증가(경제적 가치는 10,686억 원)할 것으로 예측되었다. 그러나 여전히 북한 농민의 생산 욕구 등이 향상되지 않아서 북한의 단위 경작 면적당 생산성이 남한의 50% 수준에 불과한 경우(사례 3), 쌀의 증산분이 연간 68만 톤(경제적 가치 3,536억 원), 옥수수 증산분이 205만 톤(경제적 가치 5,330억 원)에서 그친다. 이와같이 최악의 시나리오를 적용한다고 해도 축분에 의한 유기비료의 충분한 공급으로 인한 북한의 식량 증산량이 지닌 경제적 가치(직접 편익)는 8,866억 원에 달할 것으로 예측되고 있다. 이를 요약하면 <표 5-8>과 같다.

〈표 5-8〉 축분 비료 공급에 의한 북한측 직접 편익(추정값)

구분	남한 대비 북한의 단위 면적당 생산성	비료 공급으로 인한 식량 증산분	경제적 가치	
사례 1	남한 수준의 생산성	쌀 증산분 136만 톤/년 옥수수 증산분 411만 톤/년	7,072억 원 10,686억 원	17,758억 원
사례 2	남한 생산성의 70%	쌀 증산분 95만 톤/년 옥수수 증산분 287만 톤/년	4,940억 원 7,462억 원	12,402억 원
사례 3	남한 생산성의 50%	쌀 증산분 68만 톤/년 옥수수 증산분 205만 톤/년	3,536억 원 5,330억 원	8,866억 원

자료: 통일연구원(2000: 113-116); 한국농촌경제연구원(1999a: 61-68);
FAO, AREP., Report No., 98/093 UNDP-DRK, Nov. 20, 1998.

5) 축분비료 사업에 따른 남북한의 (직접) 편익

축분을 폐수로 방류할 경우, 남한은 이를 안전하게 처리하기 위해 많은 축산폐수 정화시설을 설치해야 하고 그 비용이 막대함을 분석해 보았다. 그러나 이와 같은 축분이 유기비료로 전환될 경우, 토양의 지력을 회복하고 환경적으로도 매우 건전하여 화학비료의 대체재로서 그 가치가 매우 높다는 사실도 알 수 있었다. 그리고 북한의 농업 현황과 문제점을 통해 분석한 결과, 남한의 축분 비료가 북한 농경지에 충분히 공급될 경우, 극도로 산성화되고 척박해진 경작 면적의 생산력을 복원하는데 결정적 계기를 마련할 수 있음도 파악할 수 있었다.

이와같이 축분의 유기비료화 사업이 남북한 모두에게 가져올 수 있는 경제적 이익(직접 편익)은 과연 얼마나 될 것인가를 예측해 보았다. 우선 남한의 유기비료화 사업의 직접 편익만을 고려할 때, 연간 4,947억 원인 것으로 평가되었음을 살펴보았다. 그리고 북한의 경우 유기비료의 충분한 공급으로 인한 식량 증산분의 직접적 경제 가치를 고려할 경우 남한의 생산성과 같은 수준을 회복한다면 17,758억 원, 70% 수준이라면 12,402억 원, 50% 수준이라면 8,866억 원인 것으로 평가되었음을 <표 5-8>에서 살펴보았다. 이와 같은 남북한의 축분비료화 사업으로 비료의 공급자와 수요자로서 얻을 수 있는 총이익을 표로 요약하면 아래와 같다.

〈표 5-9〉 축분의 유기비료화사업으로 인한 남북한의 직접 편익 합계

(단위: 억 원)

<table>
<tr><th colspan="3">남한의 직접 편익
(축분 비료의 공급자)</th><th colspan="3">북한의 직접 편익
(축분 비료의 수요자)</th><th colspan="2">남북한의 직접
편익 합계</th></tr>
<tr><td rowspan="2">직접적
경제가치
항목</td><td>축분 비료에 의한
화학비료 대체 가치</td><td>1,346</td><td rowspan="3">식량
증산
규모
예측</td><td>남한 수준의
농업 생산성(100%)</td><td>17,758</td><td>성숙 단계</td><td>22,705</td></tr>
<tr><td>축산폐수 처리시설 건설 및 관리비 대체 가치</td><td>3,601</td><td>남한의 70%</td><td>12,402</td><td>중간 단계</td><td>17,348</td></tr>
<tr><td colspan="2">남한의 직접 편익</td><td>4,947</td><td>남한의 50%</td><td>8,866</td><td>초기 단계</td><td>13,812</td></tr>
</table>

3. 축분비료 공동사업에 소요되는 남북한의 직접 비용

축분을 유기비료로 전환하는 사업이 곤란했던 첫 번째 요인은 '유기비

료의 적정 생산비가 시장의 판매 가격보다 낮았던 것'에 있었음이 조사된 바 있다(한국농촌경제연구원, 1998). 그 결과, 유기비료의 질이 저하되고 민간의 적정 투자가 사라질 수밖에 없는 실정이었다. 이와 관련해서는 좀더 구체적 후속 연구가 있어야겠으나 축분으로 20kg의 유기비료를 생산하는 데 포당 140원에서 790원의 적자가 발생한 것으로 파악되었다. 평균적으로 포당 생산 단가가 2,806원, 판매 단가는 2,377원으로 약 429원의 포당 생산비 적자가 누적되고 있다는 것이다. 이는 생산 단가의 15.3% 이상을 정부가 보조금으로 지불해야 정상적인 유기비료 시장이 형성될 수 있다는 추정을 가능하게 한다.

따라서 유기비료에 의한 화학비료 대체 효과 및 이익(1,346억 원/년)을 남한에서 얻기 위해서는 약 206억 원/년의 정부보조금이 지불되어야 민간의 생산 동기 및 투자가 이루어질 수 있다고 판단된다. 요컨대, 남한 정부는 경작 농가에서 유기비료 1포대를 구매할 때, 판매 단가는 2,377원 이상이 되도록 하되, 보조금을 429원/포 이상을 지불하여 농가의 구매 단가를 2,377원/포 이하가 되도록 하거나 생산자에게 보조금으로 지원해야 남한 내에서 유기비료의 생산 체계가 원활히 이루어질 수 있을 것으로 분석된다. 이와 같은 조사 내용은 앞서 분석한 축분의 유기비료화 사업에 의한 직접 편익인 4,947억 원/년을 시장에서 상품적 가치(market benefit)로 전환하기 위해서 206억 원/년의 정부보조금이 비용으로 지불되어야 함을 의미한다고 하겠다.[4)]

한편 북한의 경우, 유기비료를 충분히 구매해 농업 생산력을 증대시키기 위해서, 앞서의 다양한 조건들을 고려할 때, 최대 1,346억 원/년의 비용(남한의 축분 비료 생산비)을 남한에 지불하고 남한의 유기비료를 수입해야 한다. 그러나 사실상 북한이 1,346억 원/년의 유기비료 구입 비

4) 이 때에 소요되는 사회적 비용은 Benefit-Social Cost 분석 기준에서 'Direct Social Costs' 부분으로 기업이 시장에 진입하기 위해 지불되는 Private Real-Resources Compliance Costs에 해당한다(USEPA., 2000: 119-122).

용을 남한에 지불하기는 어려운 실정이다. 또한 남한으로서도 초기에는 유기비료를 충분히 생산하기 어렵다. 그러나 남한과 북한의 농업을 환경공동체의 일환으로 인식한다면 가능성은 있다고 판단된다. 이는 남한으로서도 화학비료와 함께 유기비료를 안정적으로 공급할 수 있는 수요처를 조기에 확보하는 효과를 거둘 수 있기 때문이다. 따라서 남한은 유기비료의 생산량과 잉여 화학비료를 적정한 비율로 함께 공급함으로써 북한의 토양을 개선하고 식량을 증산시킬 수 있도록 돕는 것이 바람직하다고 판단된다.[5)]

만일 북한이 지불해야 하는 경제적 비용 1,346억 원/년(축분 비료 생산비)에 대해 북한이 지불하지 못하고 모든 종류의 비료 지원이 없다면, 앞서 살펴본 북한의 직접 편익 22,705억 원/년은 상품적 가치로 전환될 수 없는 상황이라고 하겠다. 이와는 반대로 북한이 지불해야 할 1,346억 원/년의 비용 부담을 단계적으로 남한측이 지불(남한의 직접 비용으로 이전)하여 유기비료와 화학비료가 북한에 충분히 공급된다면 북한의 직접 편익(22,705억 원/년)은 사업의 성숙화 단계에서 식량의 증산이라는 시장적 편익으로 나타날 수 있다고 하겠다.

따라서 남한은 경종 농가에 대한 유기비료 구입비를 지원하기 위한 정부보조금 약 206억 원과 함께 북한에 대한 화학비료 및 유기비료 구입비 1,346억 원을 부담하여 결국 1,552억 원을 직접 비용으로 지불해야 남북한의 직접 편익(22,705억 원/년)을 시장재적 가치(value as private goods)로 전환시킬 수 있다고 평가된다.[6)]

---

5) 북한 토양에 따른 적정한 유기비료와 화학비료의 혼합 비율 등은 현장조사 등을 통한 별도의 연구가 있어야 할 것이다. 참고적으로 통일연구원의 2000년도 보고서(남북한 농업 기술 교류 및 협력 방안 연구)는 그 비슷한 연구의 시도라고 할 수 있다.

6) 그런데 현재의 관련 상황들을 살펴본다면, 1,552억 원의 직접 비용이 새로운 비용은 아닌 것으로 분석되고 있다. 앞서 언급한 바와 같이, WTO 체제하에서는 경종 농가에 대한 화학비료 구매보조금 가운데 약 700억 원이 우선적으로 감축되었다(한국농정, 2000. 12. 7). 이와는 반대로 WTO는 농지의 토양 개선을 위한 유기비료 구매에 대해서는 정부보조금 지원을 폭넓게 허용하고 있다. 따라서 화학비료 구매보조금을 유기비료 구매보

제5절 소결론: 자원순환사회의 가치 창출

지금까지 공업화 중심의 산업사회가 정보사회로 전환되는 과정에서 나타나는 양극화의 문제점과 구조 조정에 따른 실업의 문제를 동맥산업과 정맥산업이라는 측면에서 비교해 살펴보았다. 그리고 이와 같은 산업의 양극화 문제점을 해소하고 지속 가능한 발전을 위해서는 우리의 산업구조에 산업의 순환적 구조를 형성할 수 있는 정맥산업의 육성이 필요함을 인식했으며 그 구체적 사례로 남북한의 축분 비료 공동사업을 통해 그 가능성 여부를 사업의 경제적 타당성 평가를 통해 살펴보았다.

단선화된 과거의 '생산 → 소비 → 폐기'라는 공업 중심의 산업 구조 속에서 농축산업은 경쟁력을 이미 상실한 영역이고, 특히 축산업에서 발생되는 막대한 양의 가축 분뇨는 처리의 비용만을 높이어 경제성을 낮추는 폐기물에 불과한 것이었다. 그러나 남한의 농업은 단순한 양의 생산 차원을 넘어서 질의 농업으로 전환되지 않으면 안 되는 상황에 있고 그 방향은 자연스럽게 고부가 가치의 유기농업 육성으로 전환될 시점에 있다. 그런데 이와 같은 유기농업 육성의 가장 중요한 자원은 바로 양질의 유기비료이고 그 원천은 다량의 화학비료를 대체하는 축분의 유기비료화에 있음을 부인할 수 없게 되었다. 연간 3천 5백만 톤 이상 배출되는 축분에서는 양질의 유기비료 성분(연간 1,345억 원 가치의 질소, 인산, 칼리)를 채취할 수 있으며 그 과정에서 엄청난 수질에 대한 환경 부하량을 줄이면서 토양을 비옥하게 하여 남한과 북한의 농업 부문에 막대한 경제적 이익을 가져다 줄 수 있는 것으로 평가되었으며 그 가치는 연간

조금으로 전환한다면 추가적 직접비용은 발생하지 않을 수 있다고 하겠다. 또한 화학비료의 대북 지원 사업에서도 이미 연간 수십만 톤 규모를 지원한 바 있기 때문에 북한에 대한 유기비료(연간 20~30만 톤)의 지원 비용만을 추가로 부담하면 가능하다고 할 수 있다.

2조 2,700억 원에 달하는 것으로 평가되었다. 이와 같은 축분 비료 사업을 통해 얻는 부가가치의 창출 과정에서는 다양한 관련 분야에서 많은 인력이 필요할 것으로 예상되며 그 수는 약 20만 명의 신규 고용 창출로 연계될 것으로 예상된다.

버려진 폐자원에서 그것의 자원적 가치를 천연자원 수준으로 다시금 높이는 순환적 과정에 해당되는 정맥산업의 육성은 동맥산업과 함께 우리의 지속 가능한 산업 구조 구축을 위해 필수적 구조 조건으로 제시될 수 있을 것이다. 또한 동시에 간과해서는 안 될 것은 정맥산업은 광범위한 산업 부문에 걸쳐서 새로운 인력 시장을 형성하게 함으로써 극단적인 양극화가 아닌 순환을 통한 자본과 노동의 원활한 가치 창출 배분 가능성도 동시에 모색할 수 있다는 측면이다.

중국의 만리장성은 북방민족이 쳐들어 오는 것을 막기 위해 쌓은 벽이다. 그러나 아이러니컬하게도 북방민족이 만리장성을 넘어서 중국을 점령한 적은 역사상 한번도 없었다고 한다. 북방민족이 중국을 점령할 때, 이미 장성의 문은 열려 있었으며 장성의 문은 내부에서부터 열려졌다고 한다. 한반도의 벽도 지금은 높게 보이지만 그것이 만리장성보다 높지는 않을 것이며 중요한 것은 사람들의 마음이지 돌조각의 높이는 아닐 것이라고 생각해 본다(윗 사진: 만리장성).

지금도 정글에서의 코끼리 똥은 여러 가지로 요긴하게 쓰인다고 한다. 코끼리 똥에 불을 붙이면 잘 타기 때문에 연료로도 쓰이는데 그 향도 매우 좋다(아랫사진:코끼리 똥).

한국인들에게는 끼가 있었다. 2002년 남아프리카 요하네스버그에서 한국 NGO들이 주최한 행사에서는 인종과 국경은 그 어떤 의미도 없었다. 모든 사람들이 흥겨워하며 손잡고 난장판을 벌이는 모습이 놀라웠다. 이제 스스로 자신을 옭아매었던 오래된 산업사회의 이념적 갈등을 매듭을 끊고 정보사회의 새로운 틀 속에서 자원순환사회로 향하는 한반도 환경공동체를 통해 남한과 북한은 상호간의 가치를 발견할 때이다.

제 6 장

대도시 폐기물 관리와 사회 갈등 해소

뉴욕 시에는 가장 대표적인 두 개의 섬이 있는데 그것은 맨해튼 섬과 스테이튼 섬이다. 맨해튼 섬이 세계의 정치, 금융, 문화의 핵심지로 그 화려한 명성을 지니고 있다면 스테이튼 섬은 맨해튼 섬을 바라보고 있는 아름다운 섬으로 면적으로는 맨해튼의 세 배가 넘지만 뉴욕으로부터 나오는 모든 쓰레기를 약 50년 이상 매립했던 쓰레기 섬(Fresh Kill Landfill; 윗 사진)으로 더 유명하다. 2001년 쓰레기 매립이 종료되었고 스테이튼 섬은 새로운 뉴욕의 주거지로 관심을 모으고 있기에 그 개발의 가능성은 이제 맨해튼보다 더 높다고 하겠다. 그런데 2001년 9 · 11테러 이후 세계무역센터 건물이 폭파된 직후 그 막대한 폐기물을 이미 매립 종료된 스테이튼 섬에 다시 매립하지 않으면 안 되는 상황이 발생했다. 뉴욕의 슬픔을 함께해야 한다는 취지에서 그토록 매립 중지를 주장하여 결국 관철시켰던 스테이튼 섬 주민 대표들이 자발적으로 세계무역센터 잔재물을 다시 매립하도록 요청한 것은 정부의 재정적 지원이나 강제력에 의한 것이 아니라 성숙한 시민의식의 판단 기준에 기초했음을 간과해서는 안 된다.

제1절 배경적 설명

각각의 국가들은 다양한 가치관 체계하에서 서로 다른 국가별 정책 목표를 추구한다. 또한 다양한 가치관 체계는 국가 상호간의 정책 결정 기준에 근본적인 차이를 발생시킴으로써 국가들의 정책 결정 과정을 상호 비교하는 것 자체를 무의미하게 하는 경우도 있다. 그러나 현대 대도시들의 상호 비교에서는 그와 같은 상황이 현격하게 다른 것으로 파악된다.

공공 서비스의 민영화와 관련하여 많은 연구를 한 사바스(E. S. Savas)는 그의 다양한 경험적 연구에서 "도시의 공공 서비스는 혹시 다른 국가의 도시들일지라도 상호간에 그 공통적 요소가 매우 높을 수밖에 없다"라고 지적하면서 그 대표적 사례 가운데 도시 폐기물 관리를 지목하고 있다. 부득이 어느 연구자의 특정한 지적을 예로 들지 않더라도 도시 폐기물 관리 문제에 대한 인식과 정책 내용에 대한 도시들 상호간의 유사성은 국가의 장벽을 뛰어넘는 수준이라고 하겠다. 특히 일정 규모 이상의 대도시들이 경험하고 있는 도시 폐기물의 문제는 국가 내의 도시간 비교보다 오히려 서로 다른 나라의 관련 도시들 상호간 비교에서 그 정책적 의미를 좀더 객관화해 볼 수도 있을 것이다.

이와 같은 맥락에서 이 연구는 국가적 차이에도 불구하고 도시의 규모와 특성에서 상당 부분 공통 분모를 찾아볼 수 있는 미국의 뉴욕, 일본의 도쿄(東京), 그리고 한국의 서울을 상호 비교하면서 특히 폐기물 관리정책에서 나타난 세 도시의 갈등 문제에 초점을 맞추어 사회적 갈등 해소를 위해 어떠한 기준과 방식이 적용될 수 있는가를 살펴보고자 한다.

제2절 대도시 폐기물 관리정책의 결정과 집행

일반적으로 정책 과정이라 하면 정책의제의 설정(agenda-setting), 정책 결정(policy-making), 정책 집행(policy implementation), 그리고 정책 평가(policy evaluation)의 단계로 분류하는 경향이 있다. 그런데 이와 같은 정책 과정에서 정책 결정과 정책 집행의 중요성을 상대적으로 비교해 어느 쪽을 더욱 강조하는가에 따라서 고전적·현대적 정책 연구로 구분짓는 측면이 있다.[1] 상대적으로 정책 결정을 강조하고, 광범위한 정책 순응에 따라서 집행의 부분을 중시하지 않는 경우를 고전적 정책 연구에 가깝다고 한다면, 현대적 정책 연구는 이에 대비한 다른 시각의 연구라고 하겠다.

1. 고전적 정책 연구에서의 정책 결정 강조

정책 과정에서 서로 다른 정책 대안들 가운데 어느 대안을 결정하는가는 대단히 중요한 정치적 역학 관계를 수반하고 이해관계자들이 정책 결정 단계에 집중되어 있음을 의미하기도 한다. 이와 같은 시각에서는 정책 집행이란 단순히 정책 결정 이후에 능률적으로 실행하는 단계인

1) 예컨대 상대적으로 정책 결정 부분을 강조한다면 이는 고전적 정책 연구에 가깝고, 이에 비해 정책 집행 부분을 강조한다면 좀더 현대적 정책 연구로 분류해 볼 수 있다는 것이다. 특히 대도시의 폐기물 관리정책이 지니고 있는 그 정책적 역동성을 이해하기 위해서는 정책의 결정과 집행 가운데 어느 측면이 더 강조되는가에 따라서 그 해석상의 내용에 차이가 있다고 할 수 있는데 이는 어느 쪽이 맞는가의 문제가 아니라 각기 다른 각도에서 정책의 역동성을 이해할 수 있는 폭을 확대한다는 측면에서 분류의 필요성이 있다고 하겠다. 물론 고전적 정책 연구와 현대적 정책 연구라는 표현에 다소간 용어상 해석적 차이가 발생할 수도 있으나 절대적인 용어적 의미 차이라기보다는 상대적 의미 차이에 한정해서 이해되어야 할 것이다 연구자들에 따라서는 이와 같은 구분을 하향식 집행론과 상향식 집행론으로 구분하는 경우도 있다. 즉, 하향식에 비해 상향식 집행론은 집행 현장을 중시하는 현장 적응적 집행전략의 입장에서 해석하기도 한다.

것으로 파악하고 있으며 기계적인 관료 조직과 순응적인 집행 대상자에 대한 가설이 설정되어 있다고 하겠다(최종원, 1998: 188-198). 예컨대 정책의 '결정-집행' 유형은 특정 정책 분야에서 정책 결정 과정이 어떠한 정책 결정 모형에 의해 가장 잘 설명되는지를 파악한 후, 집행 과정에서 이러한 현상이 나타날 것인지 가설을 구성하여 미리 예측하고 실제로 그러한 예측이 집행 과정에서 어떻게 발전되는지를 살펴봄으로써 정책 결정과 정책 집행의 역동적인 관계성을 밝히는 데 연구의 초점을 두었다고 판단된다.[2)]

따라서 폐기물에 대한 도시정부의 정책 과정에서도 상대적으로 정책 결정 부분을 강조하면서 이를 중심으로 폐기물 관리정책의 집행에서 나타난 성공과 실패를 이해하고자 한다면 이는 상대적으로 고전적 정책 연구의 시각에 가깝다고 할 것이다.

2. 현대적 정책 연구에서의 정책 집행 강조

정책 과정에서 정책 대안들을 결정하는 다양한 참여자들이 있는 것과 같이 정책 집행에서도 다양한 참여자들이 중복적으로 또는 새로이 참여하여 영향을 미치는 이른바 상대적으로 정책 과정의 개방적 특성을 폭넓게 보는 시각이 있다.

2) 이와 같은 정책의 '결정-집행' 유형은 다시 두 가지 시각에서 분류될 수 있다고 한다. 먼저 베이에(Vicki E. Baier)의 주장을 근거로 하여 정책 집행의 실패 원인을 설명할 때 정책결정자들은 자신이 선호하는 바를 사실은 정확히 알지 못하고 있으며 만일 알고 있다 해도 다수의 찬성자를 모으기 위해 정책 효과를 과대 포장하거나 불분명하게 표현함으로써 사실상 정책 목표의 모호성을 증폭시킴으로써 그 결과, 정책 집행의 실패를 초래하는 것으로 보는 입장이 있다. 이에 비해 윈터(S. Winter)의 주장을 근거로 정책 집행의 실패는 단순하게 일원화 할 수는 없으며 각각의 상황에 따라서 정책 결정의 역학 관계에 의해 집행의 성공과 실패를 결정짓는 것으로 이해하는 학자들도 있다. 이러한 주장은 앞서의 베이어보다는 좀더 다각적으로 정책 결정에서의 변수들을 이해하고자 했으나 결국은 정책 결정 과정에서의 변수를 중심으로 정책 집행의 성패를 이해하고자 했으며, 이와 같은 논거에서 이 역시 고전적 정책 연구로 분류할 수 있다고 판단된다(정정길 외, 2003: 724-730 참조).

이와 같은 현대적 정책 연구에서는 사실상 정책 결정과 정책 집행의 구분이 모호하고 양자간의 순환적(feedback) 구조가 형성되어 있는 것으로 보는 까닭에 상호 역동적인 관료 조직과 집행 대상자들의 상호 수평적 관계에 대한 긍정적 가설이 설정되어 있다고 하겠다. 예컨대 정책의 '집행-결정' 유형은 일차적으로 집행 과정에서 나타나는 변수들을 중심으로 정책 집행의 문제점과 그 원인들을 분석한 후 그러한 원인들이 나타나게 되는 이유가 정책 결정 과정상의 어떠한 요인들과 관련이 있는가를 살펴보면서 정책 집행과 정책 결정의 연계성을 밝히고자 한다. 즉 정책의 '집행-결정' 유형은 상대적인 차이는 있겠지만 정책 집행의 분석과 그 속에서의 다양한 변수들을 중심으로 정책의 결과를 이해하려는 시각이라고 하겠다(한세억, 1998).

따라서 앞서의 고전적 연구에서와는 달리 폐기물 관리에 대한 도시정부의 정책 집행 부분을 강조하여 살펴본다면 이는 상대적으로 현대적 정책 연구의 시각에 가깝다고 하겠다. 요컨대, 정책 집행 과정 속에서 활발히 움직이는 다양한 변수들을 수평적으로 이해하고 이들의 역학 관계를 통해 정책의 성공과 실패를 이해하거나 또는 예측할 수 있는 것으로 판단하는 연구 접근이라고 하겠다.

3. 현대적 폐기물 관리정책 연구의 초점: 정책 집행에서의 갈등

현대 도시의 생산과 소비가 단선적 구조하에서 자원의 대량 폐기화 구조를 지니고 있음은 전 지구적인 문제가 아닐 수 없다. 대부분의 현대 도시들이 폐기물의 감량화와 안전한 처리를 정책의 목표로 두고 있으며 대부분 이를 위한 정책 결정을 할 때 주저함이 없을 것이다.[3] 또한 폐기

3) 폐기물 감량화라는 정책이 지향하는 바는 각 국가별 경제·사회적 격차에도 불구하고 큰 이견이 없는 것으로 파악된다. 2002년 남아프리카공화국 요하네스버그에서 개최된 UN주최의 지속 가능한 발전을 위한 세계정상회의(WSSD)에서 합의된 이행계획(Plan of Implementation)에서도 폐기물의 발생량을 최소화하고 자원의 활용도를 높이는 것

물 문제에 대한 정책적 대응은 국가 내에서뿐만 아니라 지구적 공동체 의식 속에서 새로운 규제를 만들어 나가고 있음과 맥을 같이하고 있음도 간과할 수 없는 사실 분야에 속한다. 결국 폐기물 관리 정책 분야는 단순히 국내의 폐쇄적인 정부의 논리에 의해 결정되고 집행될 수 있다는 고전적 정책 연구로는 그 설명력이 약하고, 개방적 시각에서 과연 '어떻게 집행할 것인가'에 초점을 둔 현대적 정책 연구의 시각에서 도시 폐기물 관리의 정책 과정을 이해하는 것이 더욱 바람직할 것으로 판단된다.

특히 앞서 언급한 고전적 정책 연구에서와 같은 기계적인 관료 조직과 순응적인 집행 대상자에 대한 가설을 받아들이기 어려운 상황하에서 대도시의 폐기물 관리 정책 과정에 정부의 관료 중심적 정책 결정으로 설명할 수 있는 부분은 매우 한정될 수밖에 없다. 따라서 현대적 정책 연구라는 시각에서 개방적으로 접근하고 정책의 집행 부분을 강조한다면, 정부와 시장, 그리고 다양한 시민들의 다각적인 상호 관계 속에서 폐기물 정책의 결정과 집행을 이해할 필요가 있다고 하겠다.[4] 따라서 다음에 살펴볼 세 도시들의 폐기물 관리정책에서는 폐기물 정책의 결정과 집행에서의 정부와 시장, 그리고 시민의 각 역학 관계를 통해 정책 갈등의 구조적 측면을 파악하고자 한다.

에 대해서는 이견이 없었다. 단지 자원의 활용도를 높이는 부분에서 그 구체적 방법을 어떻게 할 것인가에 대한 입장 차이가 있었을 뿐이라고 하겠다.

4) 만일 정부의 정책 결정이 자동적으로 정책 집행으로 이루어진다면 그것은 매우 폐쇄된 독재국가의 정책 과정이라고 하겠다. 대부분의 개방화된 민주국가의 정책 과정이라면 당연히 시장의 논리와 정부의 논리가 충돌할 수밖에 없으며 그 과정에서 민주주의의 주체적 역할자인 시민들이 어떤 역할을 어떻게 담당하는가는 각각의 사례별 차이가 있을 뿐, 그 존재의 부정을 말하기는 어렵다고 할 것이다.

제3절 서울, 뉴욕, 도쿄의 도시 폐기물 관리정책 비교

1. 뉴욕의 도시 폐기물 관리정책

1) 뉴욕의 행정 현황

뉴욕 시는 2002년 기준으로 면적 787km^{2}에 인구 약 800만 명이 거주하는 대도시이다. 뉴욕의 교외 지역을 포함한 광역 단위로는 약 3,300km^{2}까지 포함할 수 있는데 이 때에는 약 1,600만 명을 상회한다고 할 수 있다. 뉴욕 시는 최근 10년간 평균 인구가 9.2% 증가하여 1980년대 초 -10.4%의 감소율을 보인 것과는 대조적으로 다시금 1990년대(3.5%)와 2000년대(9.4%)로 도시 인구가 증가되는 추세에 있음을 알 수 있다. 인구 증가률이 가장 높은 구(borough)는 스테이튼 섬이며 맨해튼의 인구 증가율이 상대적으로 가장 낮은 것으로 나타나고 있다.

2) 뉴욕의 폐기물 관리 현황

뉴욕 시의 폐기물 관리 역사는 19세기 후반부터 시작되었다고 할 수 있다. 당시의 주된 관심은 거리 청소와 관련된 것으로 특히 뉴욕 시내의 12만 마리 말로부터 나오는 축분(畜糞)을 도시에서 어떻게 안전하고 깨끗하게 처리할 수 있는가라는 문제에서 비롯되었다. 당시 뉴욕시민위원회나 뉴욕 여성건강보호협회와 같은 NGO들은 뉴욕 시의 적절하지 못한 폐기물 관리를 비판하고 문제 제기한 바 있다. 당시 대부분의 도시 폐기물은 뉴욕 앞바다에 해양 투기되었는데 여름철 해변에 다시 밀려온 뉴욕 시 폐기물은 사회적 문제로 비판받았으며, 그 후 최소한 100마일 이상 나아가 해양 투기하도록 권고되었다고 한다(Gandy, 1994: 70-88).

(1) 19세기 말의 폐기물 분리 배출·수거정책

뉴욕 시의 폐기물정책이 급격히 발전한 것은 1894년 개혁 시장인 스트롱(William L. Srong)과 그의 청소담당 책임자인 워링(George Waring)이 등장하면서 시작되었다. 워링은 폐기물의 분리 배출 제도를 도입하여 쓰레기 분리 배출·수거 정책를 시행했는데 음식물 쓰레기, 석탄재, 그리고 재활용 가능품이 그것이었다. 이와 같은 규정을 거부했던 시민들은 벌금을 물어야 했으며 심지어 체포되는 경우도 있었는데 4년의 기간을 거치면서 이 정책은 큰 성과를 달성하기도 했다. 1881년에는 연간 500만 톤의 폐지가 뉴욕에서 수거되었는데 워링의 쓰레기 분리 수거정책 이후, 1895년에는 약 2,200만 톤으로 약 440% 이상 증가했다고 한다. 그러나 종이 제조 방법이 개선되고 펄프값이 하락하면서 이와 같은 뉴욕 시의 쓰레기 재활용 정책은 어려움을 겪게 되었으며, 1898년 스트롱 시장이 낙선하면서 워링이 주도했던 쓰레기 분리 배출→수거→재활용에 대한 정책도 사라졌다.

(2) 20세기 초의 폐기물 소각정책

1930년에 새로이 조직된 위생국(Department of Sanitation)의 위생국장은 5개 구(borough)에 15개 소각 공장을 건설하는 대대적인 소각 중심 정책을 발표했다. 이 정책은 매립지의 부족과 해양 투기에 대한 정치적 비난, 그리고 인근 뉴저지 주의 해안 도시들이 제기한 뉴욕 시의 쓰레기 해양 투기 금지를 요구하는 행정소송 과정에서 추진되었다고 한다. 연방정부는 뉴욕 시의 비상 소각 공장 건설 프로그램에 당시 400만 달러를 지원한 것으로 기록되어 있다. 그러나 소각 공장은 결코 경제적이지 못했으며 폐기물 소각을 통한 전력 생산과 같은 시설물들도 그 경제성을 맞출 수가 없었다. 또한 제2차 세계대전의 발발로 소각로 건설 프로그램은 급격히 위축되었으며 가동되고 있던 소각 공장들도 대부분 폐쇄되면서 1945년 스테이튼 섬에 대규모의 프레시 킬스(Fresh Kills) 매립장을 건설 가동하게 되었다.

3) 폐기물 소각정책과 재활용정책의 실패

1980년대와 1990년대, 뉴욕 위생국은 소각정책과 재활용정책이 모두 잘못 시행된 것이라는 판단하에 유일한 집행 가능한 선택으로 프레시 킬스 매립지의 운영 확장과 시설 개선에 관심을 갖게 되었다. 물론 이와 같이 폐기물 매립정책으로 선회하는 과정에서 소각정책과 재활용정책이 부분적으로 시도되기도 했다.

(1) 소각정책의 실패

우선 소각정책으로는 린제이(Lindsay) 시장의 재임 기간(1966~73) 동안 시행되었던 대형 소각 프로그램과 RDF(refuse-derived fuel), 그리고 퇴비 및 열분해와 같은 대안들에 대한 일련의 타당성 조사가 있었으나 거의 실행되지는 못했다. 또한 빔(Beame) 시장의 재임 기간(1974~77) 동안에는 당시 심각했던 뉴욕 시의 재정 위기로 인해 새로운 소각 용량에 대한 주요 건설 프로그램 자체가 중단될 수밖에 없었다. 그러나 1977년 뉴욕 시에서는 Resource Recovery Task Force의 Wegman보고서를 통해 다시 한 번 소각장을 확대하는 계획안을 제시하기도 했다. 그리고 코흐(Koch) 시장의 재임 기간(1978~89)에는 브루클린 네이비 야드(Brooklyn Navy Yard)에 대규모 소각시설 건설계획이 구체화되었고 1985년에는 환경영향평가서가 완성되어 평가위원회에서 승인되기에 이르렀으며, 1992년 쓰레기 관리계획안에 따라서 브루클린 네이비 야드 부지에 새로운 소각시설 건설이 진행되었다. 그러나 새로이 선출된 신임 디킨스(Dinkins) 시장(1990~93)은 이러한 진행 과정들을 반대하고 중지하도록 했는데 이는 딘킨스 시장이 대표적 환경단체인 시에라 클럽(Sierra Club)과 브루클린에 기반을 둔 다양한 지역시민단체들로부터 상당한 지지를 받아서 시장에 당선된 사실과 무관하지 않다.

또한 브루클린 네이비 야드에서의 새로운 소각로 건설계획과 기존의 3개 소각공장 정비에는 약 16.6억 달러의 비용이 소요될 것으로 예상되었다. 뉴욕 시가 재정적으로 어려움에 처해 있는 상황에서 부채의 이자 상환, 소각 이후의 비산재 처리 문제, 그리고 전력 발전에서 얻은 수입의 축소 등으로 인해 소각 공장의 가동은 예상했던 것보다 비용이 더 들 것으로 평가되었다. 또한 소각 공장의 안전한 운영에 대한 시민들의 우려감은 연방정부와 주정부가 소각장에서 배출되는 유해물질에 대해 엄격히 규제하도록 하는 조치로 이행되었으며, 이와 같은 조건들을 충족하기에 소각시설의 수입 구조는 상대적으로 낮았으며, 결국 대부분의 소각장들은 뉴욕 시에서 가동을 멈추게 되었다.

(2) **재활용정책의 실패**

한편 1980년대의 뉴욕 시 재활용정책은 단지 제한된 활동에 불과했던 것으로 파악된다. 주로 상업 건물에서 나온 폐지 수집이 주종을 이루었을 정도이다. 그러나 소각장 건설에 반대하면서 브루클린 네이비 야드 주거용 아파트에 대한 다양한 시험들이 당시 Environmental Action Coalition과 같은 환경단체들에 의해 운영되었는데 이는 소각 처리의 대체 방안으로 포괄적인 재활용의 실용성을 입증하기 위한 노력으로 시작된 것이었다.

마침내 1987년, 환경단체들에 의해 약 7년간의 준비와 광범위한 로비가 있은 후 뉴욕 주 환경부는 주정부 차원의 폐기물 관리 방안을 내놓았다. 그 방안은 소각과 매립식(埋立式) 쓰레기 처리에 앞서 재활용과 쓰레기 감량이 우선되어야 한다는 폐기물 관리의 가이드라인으로 1988년 뉴욕 주의 폐기물 법령의 기초가 되었고 1997년까지 폐기물의 50% 감량 목표를 설정해 8~10%의 폐기물 방지와 40~42%의 자원 재활용을 촉구하게 했다. 뉴욕 주의 입법적인 토대 이외에 뉴욕 시는 1989년에 자체적으로 이른바 의무재활용법(Local Law 19)을 통과시켜 시는 1994년까지 적어도 쓰레기의 25%를 재활용하도록 했다. 위생국의 재활용 프로그램에 대한 가장 희망적 요소는 의무적인 재활용품 분리 수거(curbside recycling) 프로그램이었으며 이는 1993년 9월부터 뉴욕의 59개 지역공동체(Community District)로 확대되었다.

그러나 뉴욕 시의 재활용 분리 수거의 확대를 위한 의무재활용법의 이행은 당시의 뉴욕 시 재정 위기로 예상보다 부진했으며 이 기간 동안 재활용은 정치적 의제에서 급속히 약화되어 1990년에는 예산 확보 경쟁에서 겨우 명맥만을 유지할 정도였다. 1990년 뉴욕 시 재정 위기 속에서 위생국의 예산 20% 삭감은 재활용품 분리 수거 활동을 근본적으로 위축시키게 했다. 또한 뉴욕 시는 재활용품 분리 수거 활동의 전반적인 이행을 지연시킴으로써 4년 동안 약 7천만 달러를 절감할 수 있을 것으로 이해했다. 재활용 확대에 관한 재정적 어려움의 영향은 재활용이 폐기물 관리비용의 절감을 위한 수단이 아니라 시민과 환경 관련 입법에서 요구하는 하나의 공공 서비스로서 접근되어야 한다는 것이 당시의 시정부 담당자들의 견해였다. 또한 재활용품 분리 수거 비용이 1톤당 65달러일 것이라는 예상 규모를 초과하여 톤당 198~273달러에 이른다고 자체 평가함으로써, 결국 뉴욕의 재활용정책은 근본적인 난관에 봉착, 최근 2002년까지도 대부분의 재활용사업은 위축되어 있는 상황이다(2003년 6월 뉴욕위생국 현장 방문 및 터소[Vito A. Turso] 위원장 등 인터뷰 자료 참조).

2. 도쿄의 도시 폐기물 관리정책

1) 도쿄의 행정 현황

도쿄(東京)의 역사는 1603년 도쿠가와 이에야스(德川家光)가 에도(江戶)에 바쿠후(幕府)를 개설하는 데 오늘날과 같은 대도시로의 발전 유래를 찾아볼 수 있다. 약 400년의 도시 역사를 지니고 있는 도쿄는 메이지

유신(明治維新) 이후에 1869년, 공식적인 일본의 수도가 되었으며, 1871년에는 도쿄부(東京府)가 설치되고 1888년에는 도쿄부 안에 다시 15개 구(區)로 구성되는 도쿄시(東京市)가 설치되었다. 그러나 1943년에는 전시 상황하에서 부(府)와 시(市)의 이중적 행정 구조로 인한 능률성 저하를 이유로 구의 자치단체 기능을 대폭 축소하는 일원화 구조의 도쿄도(東京都)로 개편되었다.

(1) 도쿄의 도(都)-구(區) 관계

전후 1947년 도쿄도에는 23개 특별구가 창설되었다. 이후 특별구장(長)을 직선으로 선출하거나 다시 이를 폐지하는 과정을 반복하면서 도쿄도 내에서의 광역자치단체와 기초자치단체 간의 자치권을 둘러싼 역학 관계는 계속되고 있다고 하겠다. 이와 같은 맥락에서 도쿄도의 폐기물 관리 역시 도쿄도지사 직할기구인 청소국에서 대부분의 역할을 맡고 있다가 최근 그 역할 기능이 바뀐 것도 하나의 관련 예라고 할 수 있다.

즉 도쿄도는 최근까지 도쿄 23개 특별구의 청소사업을 직접 수행해 왔지만, 2000년(平成 12년 4월)부터는 도(都)-구(區) 제도 개혁에 의해 특별구로 사업을 이관하게 되었다. 또한 최근까지 도쿄도에서 추진해 온 자원 회수와 대규모 사업에 대한 관리와 시도 등도 특별구의 사무가 되었다. 그리고 쓰레기 소각공장(일본의 清掃工場) 등과 같은 폐기물 중간처리 시설의 정비·운영 등의 사무에 대해서는 당분간 23개 특별구가 새로 설립하는 일부 사무조합에 의해 공동 처리되고 있다.

(2) 도쿄도의 행정구역과 인구 현황

2003년 현재, 도쿄도는 23구(區), 26시(市), 5정(町), 8촌(村)으로 구성되어 있으며 면적 2,187km^{2}에 12,289,519명이 거주하는 대도시이다. 그러나 이는 사실상 도쿄의 광역 단위를 모두 포함한 것으로 뉴욕과 서울의 그것과 비교한다면 23개 구를 중심으로 살펴보는 것이 그 기준에 적합할 것이라고 판단된다. 도쿄의 23개 특별구 전체의 면적은 621km^{2}이며, 인구는 828만 명으로 뉴욕 5개 구(borough)의 787km^{2}와 비슷한 면적이며 인구도 뉴욕의 800만 명과 대단히 비슷한 수준이라고 하겠으나 평균 인구 규모가 160만 명이 넘는 뉴욕의 구(borough)와는 달리 도쿄의 구(區)는 평균 36만 명으로 구성되어 있는 부분은 서로 다르다고 하겠다.

한편 서울의 경우와 비교해 볼 때, 서울은 25개 자치구로 구성되어 있고, 그 전체 면적이 605.4km^{2}여서 상당히 유사한 측면을 보이고 있는데 인구면에서는 서울의 1천만 명보다 적어서 인구 밀집도는 서울보다 낮다고 평가된다.

2) 도쿄의 폐기물 관리 현황

도쿄에서는 1960년대 중반 고도 성장기에 건설된 많은 빌딩들과 도시 기반 시설물들이 최근 노후기를 맞이함에 따라서 재건축 또는 재건설이 필요한 시점이라고 한다. 이에 방대한 양의 건설 폐기물이 발생될 것으로 우려하고 있으며, 특히 이에 따른 매립지 부족에 정책적인 우려감을 지니고 있는 것으로 평가된다.

그러나 도쿄는 상대적으로 생활계에서 배출되는 일반폐기물의 막대한 양 처리에는 크게 우려하지 않고 있는 측면이 있다. 앞서 뉴욕의 경우, 여러 차례에 걸쳐서 폐기물 해양 투기, 폐기물 매립, 폐기물 소각, 그리고 재활용 등으로 그 정책의 초점이 바뀌었으며, 결국은 다시금 폐기물 매립정책으로 선회되었던 사례와는 비교되는 측면이다. 이와같이 뉴욕과 도쿄가 서로 다른 이유는 매우 분명하게 나타나는데 그것은 바로 도쿄의 23개 구 지역에 매우 많은 쓰레기 소각시설이 이미 건설되어 있기 때문이라고 하겠다. 17개의 소각 공장이 가동되고 있으며, 여기에서 소각 가능한 쓰레기의 양은 총 12,700톤/일으로 23개 특별구에서 총 배출되는 양 10,740톤/일보다 1,960톤/일이 많은 과잉 시설의 상황이다.

특히 전 세계적으로 쓰레기 소각로의 다이옥신 위해성이 알려져 파문이 본격화된 시기였던 1995년부터 1999년의 불과 5년 사이에 도쿄 특별구 지역에만 8개의 소각 공장이 신속히 완성되어 폐기물 소각정책이 집행된 것은 주목할 만한 부분이다. 소각 처리용량 5,900톤/일의 막대한 시설물 건설이 불과 5년 사이에 건설될 수 있었던 것은 도쿄 시 정부가 내부적으로 폐기물 소각정책에 대한 정책 결정과 정책 집행을 매우 일관되게 추진할 수 있었다는 것으로 해석할 수 있으며, 이는 도쿄의 도시 정부 관료 조직이 지니고 있던 매우 강력한 집행 능력으로 가능했다고 분석된다. 이는 앞서 살펴본 소각정책을 둘러싼 뉴욕 시정부의 거듭된 폐기물 소각으로의 정책 결정이 사실상 정책 집행 단계에서 실행되지 못했던 사례와 상반된 대비를 이룬다고 하겠다.

3) 도쿄의 소각정책: 성공 또는 실패

도쿄 시에서 2000년 현재 가동되고 있는 17개의 소각장 가운데 아리아케(有明) 소각장은 1995년에 준공된 소각장으로 도쿄의 구형 시설보다는 훨씬 개선되었지만 최근 건설되었거나 건설중에 있는 시설보다는 못하다고 하겠다. 그런데 이 아리아케 소각장이 건설되는 과정에서 부지 매입비 등은 포함하지 않은 순수 건설비로 약 408억 엔이 소요되었다고 한다(도쿄도 청소국 자료, 2001).

청소 공장에서는 수입으로 소각 반입 수수료, 폐열 및 전력 판매비 등의 수입이 있으나 사실상 어느 소각장도 공공 재정의 보조 없이 이와 같은 수입 구조만으로 가동되기는 어렵다. 앞서 뉴욕 시의 사례에서 살펴본 바와 같이 소각장을 안전하게 유지하고 관리하기 위해서는 소각 반입 수수료를 매우 높게 받아야 하겠으나 그럴 경우, 소각장의 낭비적 비용이 직접적으로 나타나기 때문에 공공 재정으로 그 적자 부분을 메울 수밖에 없는 것이 현실이다. 결국 도쿄 시에서 가동중인 소각장 12,700톤/일 규모는 부지 사용료와 시설의 감가상가비, 경상비 등을 모두 제외한 상태에서 물가 변동률 등을 고려할 때, 결국 17개 기존 소각장 건설비에만 약 1조 2,700억 엔이 소요되었을 것으로 추산할 수 있다. 만일 도쿄에서 발생하는 모든 생활폐기물 10,740톤을 소각 처리한다고 해도 최소한 매일 1,960톤만큼의 소각시설이 유휴시설로 남게 된다고 평가할 수 있으며, 이 같은 상황은 사실상 도쿄에서 자원을 재활용하기 위한 추가적 노력이란 또 하나의 비용을 추가할 뿐이기에 무의미한 노력이라는 의미도 갖고 있다.

도쿄는 최소한 연간 1,960억 엔(2000년도 기준, 한화 약 2조 156억 원, 미화 약 1억 8,700만 달러)을 낭비하고 있으며 이는 시민들의 세금으로 충당되기 때문에 시민들의 편익과는 전혀 관련성이 없다고 해석할 수 있다. 2000년도 도쿄 23개 특별구 지역뿐만 아니라 도쿄도 전체의 일반회계 예산 총액이 6조 2,980억 엔임을 감안할 때, 도쿄시 소각장 과잉 건설로 인한 낭비액 규모는 도쿄도 전체 일반회계의 3.1%에 해당한다 (2001년 9월 도쿄도청 및 소각장 방문 수집 자료 참조).

3. 서울의 도시 폐기물 관리정책

1) 서울의 행정 현황

서울의 역사는 조선 태조 3년(1394년)에 수도가 되어 현재까지 610년간 오랜 수도로서의 지위를 지키고 있다. 서울시는 2001년 현재, 면적 605.4km^{2}에 인구 1,033만 명의 대도시이며 1995년 지방자치의 본격화로 25개 구의 자치단체장(구청장)을 주민들이 직접 선거로 선출하고 있다. 도시의 면적은 뉴욕이나 도쿄와 비슷하지만 인구는 상대적으로 많아서 도시 인구밀도는 더 높은 편이다.

서울은 뉴욕 시의 5개 구 지역보다는 도쿄도의 23개 특별구 지역과 인구 등의 규모면에서 매우 유사한 측면이 많고, 1990년대 초까지는 서울과 도쿄의 폐기물정책에 유사한 측면이 많았다. 그러나 1995년도 이후에는 상반되는 측면이 많이 나타나고 있는데, 그 가운데 폐기물 소각정책과 자원 재활용정책은 가장 대표적으로 구분되는 사례라고 하겠다. 특히 1995년에는 쓰레기 종량제가 전면적으로 실시되면서 서울과 도쿄의 상황은 크게 바뀌었다. 이는 과거와는 달리 쓰레기를 배출한 양에 비례하여 배출자가 비용을 지불하는 이른바 오염자 부담 원칙(polluters pay principle)과 재활용품으로 분리 배출된 부분에 대해서는 시청 또는 자치구청에서 무료 수거를 원칙으로 하는 두 가지 원칙에 의거해 서울시의 폐기물 관리정책이 집행되었기 때문이다.

2) 서울의 폐기물 관리 현황

약 600년 전, 14세기 태종과 세종 당시에도 서울의 청계천에 회분이나 오물을 무단 배출하여 이를 엄히 단속했다는 기록이 남아 있다. 20세기 초에는 도심 쓰레기 문제 해결을 위한 한성위원회가 조직된 바도 있으나 그 구체적인 업무와 결과는 잘 파악되지 않고 있다. 그리고 1950년대까지 서울의 쓰레기 문제는 주로 분뇨 처리에 관한 것이었기에 이는 서울시청의 가장 대표적인 상징적 업무이기도 했다. 1961년에는 '오물청소법'이 제정되었으나 본격적인 폐기물 관리의 제도적 기초가 마련된 것은 1986년의 '폐기물관리법'에서 비롯된다고 할 수 있다. 최초의 독립된 폐기물 관련법에 근거하여 정부는 당시 급격히 증대하는 폐기물 처리를 위한 위생매립지 건설 공급에 주력했으며, 그 결과의 하나가 1990년대 초, 서울에서 해안 매립지로는 가장 근접한 김포의 수도권 위생매립지의 건설이었다.

김포의 수도권 위생매립지에는 서울을 둘러싼 경기도와 인천시의 약 1,900만 명 수도권 시민들이 배출하는 폐기물을 자치단체별로 반입 계측할 수 있는 시설을 갖추고 있어서 언제, 어떤 지역에서 얼마만큼의 폐기물이 매립 처리되었는가에 대한 정확한 실측 통계값을 제공할 수 있었다. 이는 1995년, 서울 시정부가 쓰레기 종량제와 같은 새로운 폐기물 정책을 실질적으로 집행 가능하게 하는 정책적 기초 데이터를 제공해 주었다.

3) 폐기물 소각정책과 재활용정책의 균형화

김포의 수도권 매립지 건설 과정에서 지역 주민과의 갈등은 대단히 심각한 수준이었다. 그리고 한정되어 있는 매립지에 폐기물 처리를 전적으로 의존할 수 없다는 인식하에서 서울시정부는 폐기물 소각정책을 결정하고 이를 집행해 나가고자 했다. 이와 같은 정책을 결정할 때는 당시 일본의 소각공장 관련 국제협력단체에서 무상으로 제공한 서울시의 폐기물 처리 관련 계획보고서에 폐기물 소각정책의 당위성과 그 구체적인 소각로 건설 입지까지 제시된 보고 내용에 큰 영향을 받았다고 하겠다(JICA, 1985). 1990년대 초 구체화된 서울시의 폐기물 소각 처리정책에 따라서 대규모의 소각시설이 건설되기 시작했으나 당시 빠른 속도로 개방화되고 민주화되기 시작했던 사회적 분위기 속에 무분별한 폐기물 소각에 다이옥신 등의 유해물질 발생 위험성이 제기되면서 이에 대한 지역 주민들의 반대와 갈등이 강하게 표출되었다.

서울시정부는 지역 주민들의 소각장 건설 반대가 심해지자 당시 이해찬 시장은 1구 1 소각장의 원칙을 제시하면서 고통 분담을 요청한 경우도 있으나, 1997년 외환 위기의 경제 위기 직전까지 14개 광역 소각장을 건설할 계획을 발표했다. 그러나 1998년의 IMF 경제관리 위기 상황에서 서울시정부의 무모한 소각장 건설계획은 자체적으로 상당 부분 그 계획을 유보했으나 5개 광역 소각장의 건설계획은 계속 추진되었다. 경제 위기 상황이 다소 완화되면서 1999년에는 재차 5개 광역 소각장의 건설계획이 실행에 옮겨져 서울시 2000년 예산에는 소각장 건설 예산안이 반영될 예정이었다. 그러나 앞서의 양천, 노원, 강남소각장 건설 당시의 유해성 문제에 따른 지역 주민들의 반대와는 달리 1999년에는 신규 소각장 건설의 과도한 용량 계획의 문제점과 예산 낭비에 대한 논쟁이 다양한 환경단체와 시민단체를 중심으로 본격 제기되었다.

경실련과 환경운동연합, 그리고 쓰레기 문제 해결을 위한 시민운동협의회(지금의 자원순환사회연대)와 같은 NGO들은 이와 관련된 토론회를 개최하여 합리적 여론을 이끌었고 이는 즉각적으로 언론을 통해 시정부를 압박했으며 환경정의시민연대(현 환경정의)는 시의회에 항의 성명서를 발송하기도 했다. 결국 송파구, 구로구, 중랑구, 강서구의 소각장 건설계획에 따른 예산안은 삭감되었고, 단지 마포구의 소각장에 대한 예산안은 당시 정치적 이유로 통과되었다. 그리고 당시의 고건 서울시장은 폐기물 소각정책에 대한 전면적인 재검토를 시정부에 지시했다.

제 4 절 각 대도시 폐기물 관리정책의 갈등 해결 기준

이상 뉴욕, 도쿄, 서울의 세 도시들이 지닌 일반 현황과 도시 폐기물 관리정책의 특징을 개괄적으로 살펴보았다. 이 세 도시들이 취하고 있는 폐기물 관리정책과 관련한 앞서의 사례 조사분석 결과, 뉴욕의 정책 결정과 정책 집행은 시장의 논리가 가장 강하게 작용하는 것으로 평가할 수 있었다. 이에 비해 도쿄의 경우는 정부 특히 관료의 영향력이 상대적으로 여타 도시의 그것보다 강력하게 작용하는 것으로 판단되었다. 그리고 서울은 1990년대 이후 급격히 정부 주도형에서 시민 주도형으로 그 정책 결정과 집행이 이루어지고 있다고 판단되었다. 이와 같은 내용을 각 도시별로 요약하면 다음과 같다.

1. 시장 주도형 뉴욕: '시장의 논리'에 기초한 갈등 해결 기준 적용

뉴욕은 도시 폐기물정책에서 19세기 말, 당시로서는 가장 앞선 폐기물정책이라고 할 폐기물 분리 배출·수거 정책을 시행한 바 있다. 그러나 이후 100년의 기간 동안 폐기물 소각정책과 재활용정책을 번갈아 집행하면서 결국은 폐기물 매립정책에서 벗어나지 못하고 있는 실정이다. 여기에는 다양한 NGO들의 소각정책 반대가 중요하게 영향을 끼쳤으나 결국 환경 NGO들이 주장한 재활용 우선정책조차 시장의 논리에 의해 반박되었고 정책 의제에서 탈락되는 수모를 겪기도 했다. 그리고 시정부가 추진했던 소각정책과 시민단체들이 요구했던 재활용정책도 매립보다는 비용이 너무 많이 든다는 가장 시장 논리적인 기준에 의거, 뉴욕시의 폐기물정책은 다시금 매립정책으로 선회하는 사례를 살펴보았다.

결국 뉴욕의 폐기물정책은 다양한 참여자에 의해 정책이 결정되고 집행이 이루어졌지만 때로는 심각한 갈등도 야기되었고 시정부의 정책 결정이 집행으로 순탄하게 연계된 경험은 극히 희박했으나, 그 정책 과정에서 가장 중요한 영향을 주는 것은 무엇보다 시장 조건에 의거한 정책의 결정과 집행으로 갈등을 해소했다고 하겠다.

2. 정부 주도형 도쿄: '정부의 논리'에 기초한 갈등 해결 기준 적용

도쿄는 도시 폐기물 관리정책을 결정하고 집행할 때 지극히 능률적인 모습을 보여 주었다. 도쿄 정부가 폐기물 소각정책을 결정하면서 그것의 집행은 매우 단순하게 수행되는 것이 뉴욕의 그것과는 대비를 이루는 부분이다. 또한 서울의 경우와 비교해 보았을 때에도 뚜렷이 구분된다. 즉, 서울의 경우는 폐기물 소각정책을 결정하는 것과 집행하는 것이 별도의 사안임이 분명한 것에 비하면 도쿄의 폐기물 소각정책은 시정부의 결정과 시정부의 집행이 매우 원활하게 연계되었다고 평가된다.

또한 불과 만 5년이 안 되는 짧은 기간 동안 도쿄에 8개의 소각장이 건설되고 그 규모도 약 5,900톤/일 규모라는 막대한 소각시설을 건설할 수 있었던 것은 아무리 도쿄의 재정적 경제 여건이 좋다고 해도 시장적 논리로는 이해할 수 없는 부분이다. 객관적으로 수익이 남을 수 없는 소각시설을 공공 재정으로 과도하게 건설할 수 있음은 결코 시장적 논리에 근거했다고 볼 수 없다고 하겠으며 이는 지극히 정부의 논리에 기초한 것이라 평가된다.

따라서 도쿄의 폐기물 정책 과정은 뉴욕이나 서울의 경우와 비교하여 볼 때, 고전적인 정책 연구로 설명할 수 있는 측면, 즉 정책 결정이 정책 집행보다 상대적으로 중요하며 정책 과정에서도 폐쇄적인 구조가 강한 정부 주도형의 정책 결정과 정책 집행인 것으로 분류할 수 있다. 따라서 도쿄의 경우에는 갈등적 구조는 쉽게 해소될 수 있었으나 그 결과, 혈세의 낭비라는 이른바 정부의 실패가 일어났음도 간과할 수 없는 사실이라고 하겠다.

3. 시민 주도형 서울: '시민의 논리'에 기초한 갈등 해결 기준 적용

서울의 도시 폐기물정책은 1990년대 매우 급격한 변화를 경험했다고 판단된다. 사실상 1980년대 말에 결정되었던 시정부의 폐기물 소각정책은 지방자치제가 시행되지 않았던 당시의 상황에서 명목상의 시정부 판단에 근거하여 결정된 부분이 크다. 1990년대 초, 소각장을 건설하는 이른바 폐기물 소각정책의 집행 단계에서 시정부는 상당한 시민들의 저항에 당황하기는 했지만 예정대로 집행은 할 수 있었다. 그러나 1995년 이후 민선시장이 이끄는 시정부가 소각정책을 계속 추진하고 소각로를 건설하는 단계에서는 도시 폐기물의 정책 결정과 정책 집행에 이미 많은 시민단체와 환경 NGO들이 적극적인 참여자로 등장하게 되었다. 다양한 NGO들은 시정부의 소각정책에 대한 극단적인 반대뿐만 아니라 소각용량에 대한 문제점을 합리적으로 지적함으로써 5개 소각장 건설 예산 가운데 4개 소각장 건설 예산을 시의회에서 삭감시키는 영향력도 행사할 수 있었다.

따라서 서울의 폐기물 관리 정책은 도쿄의 사례와 매우 유사하게 접근했지만 사실은 전혀 다른 결과를 가져왔다고 하겠다. 즉 비슷한 시기에 8개의 소각장을 건설한 도쿄와는 달리 서울은 5개의 소각장 가운데 대부분(4개의 소각장)을 시장적 논리에 의해 건설을 중지하도록 한 것이다. 그러나 동시에 단순한 시장적 논리에서 본다면 뉴욕에서와 같이 재활용정책도 포기되어야 했을 것이나, 재활용 분야에 대해서는 시장 조건을 적용하지 않고 정부 정책에 순응하는 논리가 채택되었다. 그러므로 서울의 사례는 뉴욕의 시장 주도형과 도쿄의 정부 주도형과 구분되는 시민 주도형 정책 결정과 정책 집행으로 분류할 수 있다. 이와 같은 내용에서 비록 폐기물 관리정책, 특히 소각장 건설과 관련하여 많은 갈등은 있었으나 그 갈등이 서울의 폐기물 관리정책에 순기능으로 작용한 측면이 있었음을 과소 평가할 수는 없다고 하겠다.[5)]

제5절 소결론: 자원순환사회를 향한 '시민의 논리'

이상 세계 대도시들의 정책 결정과 정책 집행의 역학 관계를 뉴욕, 도쿄, 서울의 도시 폐기물 관리 정책 사례를 중심으로 비교 분석했다. 비교 과정에서 필자를 놀라게 한 부분은 의외로 뉴욕과 도쿄, 그리고 서울

5) 오랜 기간 갈등이 해소되지 못했던 중·저준위 방사성 폐기물 처분시설(이하 방폐장) 입지 선정에 대한 논란이 2005년 11월 2일 지역 주민들의 투표에 의해 최종 결정되었다. 경주 지역 주민들이 다른 후보 지역에 비해 일정 수준 이상의 투표율을 기록했으며, 동시에 가장 높게 찬성함으로써 이른바 '시민의 논리'에 의해 방폐장을 둘러싼 오랜 갈등에 시민들이 스스로 마침표를 찍었다.

초기에 시장의 논리에 의해 많은 금전적·재정적 지원을 하겠다는 이른바 '시장의 논리'가 오랜 반대적 갈등을 야기한 바 있으며, 지방자치단체장이 일방적으로 후보지로 결정하겠다고 나섰던 소위 '정부의 논리' 역시 부안사태와 같은 격한 갈등을 초래했음은 잘 알려진 사실들이다. 결국 민주화되고 개방화된 사회에서 방폐장과 같은 기피시설물 건설에 대해서는 시장의 논리(적정 규모의 재정 지원과 혜택)와 정부의 논리(지방자치단체의 적극적 동의와 참여)가 기초적으로 다져진 상황에서 최종적 결정의 기준은 시민의 논리(주민들의 자유로운 선택)에 의해 첨예한 갈등을 해소할 수 있다는 설명이 증명될 수 있는 좋은 사례라고 하겠다. 그러나 역시 그 실천적 과정에서 부당함과 왜곡됨이 없어야 정책 집행의 성공적 완료에 이를 수 있음은 결코 간과되어서는 안 될 사안이다.

의 폐기물 문제에 공통 분모가 많고 비슷한 고민들을 정책 관련자들이 많이 했으며 실제로 유사한 정책들을 결정하고 집행한 예도 적지 않았다는 사실이다.

그러나 세 도시의 사례에서 나타난 바와 같이 시장의 논리, 정부의 논리, 그리고 시민의 논리는 항상 합리적으로 작용할 수 있는 것만은 아니라는 것이다. 이미 뉴욕의 경우, 시장의 논리에 의해 폐기물 관리정책과 관련된 수많은 갈등이 해소되었으나 그 결과는 재활용정책의 포기 및 좀더 저렴한 위생 매립지를 찾는 지극히 반환경적 정책의 결과로 이어졌다. 도쿄의 경우는 정부의 논리에 의해 소각장을 둘러싼 갈등을 신속히 잠재우고 소각장 건설에 대한 주민 순응을 이끌어 내었으나 그 결과, 막대한 재정적 부담과 비효율성으로 더 이상 도쿄도청의 관리하에 예산 먹는 하마, 소각장을 둘 수 없는 딜레마를 보았다. 서울의 경우, 시민의 논리에 의해 과도한 소각장의 건설을 막고 재활용을 활성화시킨 것은 높이 평가할 만하지만, 그 이후 기존 소각장에 다른 지역 다른 구의 쓰레기는 반입할 수 없다는 편협한 논리에 함몰된 일부 주민협의체들의 이해 관계 충돌로 합리적인 정책조차 집행될 수 없는 한계점을 노출시키고 말았다.

시장의 논리, 정부의 논리가 실패할 수 있는 것과 같이 경우에 따라서는 시민의 논리도 실패할 수 있다. 또한 시장은 옳고 정부는 틀렸다라는 일방적 논리와 그 반대의 일방적 논리 모두 갈등의 해결책은 될 수 없을 것이며, 올바른 해결책을 그 논리적 편협성 안에서 찾을 수 없다고 판단하게 한다. 동시에 시민의 논리 역시 항상 겸허하게 스스로를 반성하고 자체 평가해야 시장과 정부가 행하는 오류를 반복하지 않을 수 있을 것이라는 인식을 갖게 한다. 결국 정책의 결정과 집행을 둘러싼 갈등의 해소에는 시장의 합리적 논리와 정부의 합리적 논리, 그리고 시민의 균형감 있는 논리가 공존할 때에 그 갈등을 가장 바람직한 방향으로 에너지화하면서 발전할 수 있을 것이라는 제언을 한다.

19세기 말까지 뉴욕 시에서는 폐기물의 해안 투기가 일상화되어 있었다고 한다. 시내에서 조금 벗어난 해안에 도시 폐기물을 버려서 여름철 피서지가 쓰레기로 몸살을 앓았던 적도 많았다고 한다. 이 때에 이미 많은 뉴욕의 환경단체들이 강력하게 뉴욕 시 정부의 무분별한 쓰레기 해안 투기 행위를 하지 못하도록 운동을 벌였으며 시의회를 통해 법으로 해안 투기를 뉴욕 시가 하지 못하도록 했다고 한다(뉴욕 시 자료 사진).

일본 도쿄에는 청소 공장, 이른바 소각장이 많이 있다. 23개 특별구(서울의 자치구)의 대부분에 소각장이 있어서 태울 쓰레기가 부족할 정도이다. 경제 호황기에 최첨단으로 건설된 아리아케 청소공장(윗 사진)은 지하 진공 관거를 통해 쓰레기 운반 차량이 필요 없는 시설을 했으나 운영비가 너무 많이 들어서 가동하지 못하고 있는 실정이다. 과도한 소각장의 건설은 시민들의 세금을 헛되이 쓸 뿐만 아니라 차상위 계층의 노인들이 참여하는 자원 재활용 일자리를 없애는 역효과를 낼 수도 있다(아랫 사진).

제 7 장

지구촌 환경공동체와 세계환경기구(WEO) 구상

사람과 자연이 공존하는 환경공동체를 향해 어떤 과제를 수행해야 할 것인가? 사람의 아스팔트 길을 유유히 거니는 기린의 모습은 인상적이었다.

세계화를 반대하는 시위는 더욱 거세지고 있다. 교역의 세계화는 확산되고 있으나 이를 올바르게 제어할 국제 기구는 그 역할을 다하고 있지 못해 세계적인 부익부 빈익빈의 문제는 심화되고 지구촌 환경 문제는 더욱 심각한 상태에 처해 있다.

제1절 배경적 설명

지난 2001년 유엔인권위원회(UN Commission on Human Rights)에서는 오염되지 않은 환경에서 살 권리를 인간의 기본적 인권으로 천명한 바 있다. 그러나 경제적 이유로 인해 그러한 기본 인권을 차별적으로 침해하는 크고 작은 사례는 매우 빈번히 발생하고 있다. 환경오염을 일으킬 수 있는 발생원이나 시설물을 경제적으로 빈곤한 지역에 집중적으로 건설하거나 운영하는 것은 환경적으로 정의롭지 못하며 단순히 시장적 논리에 맡길 수 없는 사안임은 분명하다. 경제적 불평등 상황을 이유로 인간의 기본적 환경권을 차별적으로 침해하는 행위는 결코 용납될 수 없기 때문이다.

최근 2004년 2월 11일부터 13일까지 그린피스(Green Peace in China)와 BAN(Basel Action Network)은 중국의 저장성(浙江省) 타이저우(台州) 지역을 공동 조사한 후, 충격적 결과를 발표한 바 있다. 여러 산업국가들에서 버려진 다량의 전자 폐기물이 중국으로 은밀하게 유입되고 있으며 타이저우 지역과 인근 농가에서 이를 해체하고 있는데 그 과정에서 막대한 양의 독성물질이 발생하고 있으며 지역 주민들은 그 유해물질에 그대로 노출되고 있는 실정이라는 보고였다. 그런데 특히 주목할 대목은 인근의 일본과 한국에서 가장 많은 전자 폐기물이 들어오고 있다는 주장이었다. 한편, 2004년 6월 21일부터 23일까지 쓰레기 문제 해결을 위한 시민운동협의회(KWMN)가 주최한 제3회 아시아폐기물 심포지엄(서울)에 참석한 13개 아시아 국가들의 주요 관심 사안들 가운데 산업국가들로부터 유입된 전자 폐기물이 중국뿐만 아니라 동남아시아 국가들과 인도에까지 폭넓게 버려지고 있는 상황이 대단히 심각한 수준에 있다는 주장이 강하게 피력되었다. 또한 전자 폐기물의 국가 간 이동은 환경적으로 정의롭지 못한 행위이며 바젤협약 등 국제 규범을 훼손하는 사안이라는 것에 공감대가 형성되었다.

이와 같은 국내외적 배경에서 이 연구자는 국가인권위원회의 일부 지원으로 2004년 10월, 중국 현지를 방문하여 그린피스, 자연의 벗, 베이징(北京)대학교, 칭화(清華)대학교 법정대학에서 약 30여 명의 중국 학자들 및 환경 전문가들을 대상으로 면접 조사하게 되었다. 그리고 현장조사는 2004년 2월에 문제를 제기했던 그린피스 활동가와 함께 타이저우 지역을 조사하게 되었다. 현장에서의 정확한 지점 안내와 근로자 면담은 다소 민감한 사안으로 충돌이 발생할 수도 있을 수 있었으나 현지 고등학교 선생님과 학생들의 헌신적인 도움으로 무사히 마칠 수 있었다. 이 장은 이와 같은 조사 내용을 근거로 전자 폐기물의 국가 간 이동에서 발생하는 문제점을 환경 정의라는 이론적 논거에서 재인식하고 평가하는 한편, 지구촌의 환경공동체와 세계환경기구(WEO)의 필요성을 제기하고자 한다.

제 2 절 환경적 정의(正義) 대 경제적 부정의(不正義)

1. 환경적 정의

인간과 자연 사이에 빚어진 환경 문제 역시 인간 사회 내에서 초래된 불평등의 문제, 인종적 차별의 문제, 남녀 성차별에 대한 문제 등등에 대한 연장선상에서 이해해 볼 수 있다(한면희, 2004: 247-248). 인간 사회의 문제를 바르게 풀기 위한 제도적 해법이 사회 정의였던 것처럼, 환경 문제를 정의(justice)의 시각에서 풀려는 해법이 제기될 수 있는 것이며, 이와 같은 맥락에서 환경적 정의(environmental justice)는 환경권이라는 인권 차원에서 다음과 같은 두 가지 부문, 즉 공정한 대우와 의미 있는 참여로 나누어 이해해 볼 수 있다(Rawls, 2003: 52-53).

1) 공정한 대우

공정한 대우(fair treatment)는 '나'라는 개인적 관점에서 접근해 볼 수 있다. 나의 인종, 나의 민족, 또는 나의 사회적 경제적 소속집단이 무엇인가에 따라서 부적절한 대우를 받아서는 안 된다는 것이다. 이와 같은 규범성은 나의 개인적 소속 특징으로 인해 환경적 인권에 차별적 대우를 받아서는 안 된다는 의미로 해석해 볼 수 있다. 결국 나의 인종, 국적, 그리고 사회·경제적 소속집단의 수준에 의해 차별화된 환경권이 적용되는 것은 정의롭지 않다는 것이다.

2) 의미 있는 참여

의미 있는 참여(meaningful involvement)는 '상대'적 관점에서 접근해 볼 수 있다. 상대와의 관계에서 상호간 이해 관계가 적정하게 조정될 수 있도록 개방되어 있어야 한다는 것이다. 나의 이익과 손실이 상대의 이익과 손실에 비교되고, 상호간의 이익이 극대화되면서 손실이 최소화될 수 있도록 본질적 의사 결정에 참여할 수 있도록 제도화되어야 한다는 의미이다. 결국 환경적 정의를 구현하기 위해서는 상호간의 관계에서 환경정보가 개방되고 관련된 환경규제에 대한 의사 결정 과정에 이해 관련자들이 공정하게 실질적인 영향을 줄 수 있어야 하며, 의사결정자들은 그 영향에 따를 수 있도록 해야 한다는 것이다.

따라서 환경적 정의란 전 지구촌에서 전체 인류를 대상으로 한 목표라고 할 수 있다. 소속된 국가나 자신의 인종, 그리고 사회적·경제적 수준에 따라서 환경의 질에 대한 차별을 받지 않고 공정하게 환경권을 보장받을 수 있어야 하며, 동시에 자신의 환경권이 상대방으로부터 침해받을 수 있는 상황에 대해 그 정보를 적실성 있게 접할 수 있어야 하겠으며, 그에 대한 실질적 대응을 할 수 있는 체제가 마련되어야 한다고 하겠다.

2. 경제적 부정의

그러나 앞서의 이상(理想)적인 환경적 정의는 사실상 현실(現實)적인 경제적 부정의(economic injustice)로 인해 심각히 훼손될 위기에 처해 있다. 그 한 예로 유해 폐기물에 대한 사례를 지적할 수 있다. 유엔환경계획(UNEP)에 따르면 세계적으로 매년 약 3억 톤에서 5억 톤의 유해 폐기물이 발생하고 있으며, 그 중 산업국가에서의 발생량이 전체 발생량의 80~90%를 차지한다고 한다.

이 같은 상황에서 바젤협약(Basel Convention)은 바젤금지령을 통해 유해 폐기물의 자유무역을 폭넓게 제한하고, 부유한 나라는 유해 폐기물의 외국(빈곤 국가) 수출을 통해 오염처리 비용을 외부화(externalize)시키지 말아야 할 책임이 있다고 명시한 바 있다(McGinn, 2002: 90-91). 그럼에도 불구하고 개발국가와 개발도상국 양측 모두에게 돌아가는 경제적 이익 때문에 유해 폐기물의 국가 간 이동은 여전히 존재하며 그 추세는 더욱더 커지고 있는 것이 현실이다. 이를 경제적 부정의 시각에서 살펴보면 다음과 같다.

1) 개발국가의 경제적 부정의

세계의 대부분 개발도상국은 바젤협약에 따른 유해 폐기물의 국가 간 이동을 금하는 사안에 대해 지지를 보내고 있지만, 일부 산업국들은 아직 비준을 반대하고 있다. 대표적으로 미국은 1989년 바젤협약에 서명했지만 아직 인준하지는 않고 있다. 개발국이 유해 폐기물을 개발도상국으로 수출하면, 자국에서의 엄격한 처리 규제 기준을 벗어날 수 있기에 막대한 유해물질의 처리 비용을 절감하고 경제적 이익을 증가시킬 수 있기 때문이다.

그러나 표면적으로는 '재생 가능성'에 대한 논리를 근거로 유해 폐기물의 국가 간 이동을 적극적으로 규제하지 않는 이른바 경제적 부정의함이 이 부분에 존재한다. 1991년 세계은행 서머즈(L. H. Summers) 부총재는 "어느 정도의 오염은 질병을 유발하더라도 비용이 가장 싼 국가, 임금이 가장 낮은 국가로 유해 폐기물이 흘러들어가는 것이 당연하다"라는 주장을 한 바 있으며, 이는 환경적 정의를 거부한 경제적 부정의의 시각을 보여 준 한 단면이기도 했다. 서머즈 부총재의 이러한 주장은 그 후 그린피스(Green Peace)에 의해 밝혀졌으며, 1992년 리우 유엔환경개발회의(UNCED)의 미국 대표로 그가 결코 참석할 수 없게 했던 계기가 되었다고 한다(토다 기요시, 1996: 120).

2) 개발도상국의 경제적 부정의

유해 폐기물의 국가간 교역에는 개발도상국의 경제적 이익도 밀접한 관련이 있음을 부인할 수 없다. 유해 폐기물을 자원화하는 과정에서 열악한 상황이지만 실직 상태에 있는 많은 단순 노무직 노동자들에게 일자리를 제공할 수 있으며, 동시에 경제적 이익을 취할 가능성이 있다. 특히 상품을 만들 수 있는 자원이 부족한 개발도상국의 입장에서는 직·간접적인 경제적 이익의 유혹을 뿌리칠 수 없는 측면이 강하다. 마치 불법 마약류의 국가 간 교역을 방지하기 어려운 이유가 다양하게 존재하는 것처럼 개발도상국들이 유해 폐기물을 철저하게 수입 금지한다는 것은 여러 측면에서 어려운 이면성이 동시에 존재한다. 표면적으로는 유해 폐기물의 수입을 금지했다고 해도 제도적인 허점과 함께 감독 및 통제해야 할 관리의 부당한 뇌물 수수, 그리고 국가적인 경제적 이익 측면에서 사실상의 철저한 집행은 어렵다. 결국 개발도상국의 장기적 발전을 저해하고 환경적 피해와 건강상의 위해성를 감수하면서도 개발도상국의 단기적인 경제 이익에 대한 유혹은 환경적 정의를 해치는 경제적 부정의로 귀결되고 있다.

요컨대 유해 폐기물의 국가 간 이동을 둘러싸고 있는 경제적 부정의 문제는 가해자와 피해자를 구분짓기 어려운 개발국과 개발도상국 상호 간 경제 이익의 총량 증진에서 비롯된다고 할 수 있다. 특히 개발국의 유해 폐기물을 개발도상국에 수출하는 통로가 존재하는 한 개발국은 유해물질을 적게 배출할 기술 개발이나 재활용 기술을 포기하는 '마이너스 인센티브(disincentive)'로 인해 더 많은 유해물질을 뿜어낼 수밖에 없다. 그러나 환경적 정의의 시각에서 본다면 유해 폐기물의 국가 간 이동은 개발국의 이익을 극대화하기 위해 개발도상국의 환경 정의를 침해하는 것이며, 개발도상국 국내적으로도 경제적 강자가 경제적 약자의 환경 정의를 침해하는 것이라는 판단의 기본적 틀(standpoint of judgement)을 제시할 수 있다. 따라서 이 연구는 환경적 정의의 시각에서 전자 폐기물의 국가 간 이동 문제를 바라보고자 하며, 같은 논리적 틀에서 중국의 전자 폐기물 수입 및 처리 현황을 분석하고자 한다.

제 3 절 중국 타이저우(台州) 지역에서의 전자 폐기물 수입 및 처리 현황

이미 중국에서의 전자 폐기물 수입 및 처리 문제는 홍콩과 인접한 광둥성(廣東省) 구이유 지역이 서두에 언급한 대표적 국제환경 NGO인 그린피스, BAN(Basel Action Network) 등에 의해 문제 제기되었다. 중국 내 CCTV뿐만 아니라 세계 각국 언론사들을 통해 그 문제의 심각성이 알려지기 시작한 상태이다. 그러나 이 연구는 이와 같은 문제가 중국 남부의 구이유 지역에 한정된 사안이 아니며 아시아 각 지역에서 폭넓게 일어나고 있는 상황이라는 점을 중시하고 있다. 최근까지 잘 알려지지 않았던 지역임에도 불구하고 막대한 양의 전자 폐기물 처리 지역으로 급부상하고 있는 타이저우 지역을 심도 있게 현장 조사함으로써, 그 결과 다음과 같은 사안들을 확인할 수 있었다.

1. 타이저우 지역의 소개

중국 상하이 지역으로부터 차량으로 약 5시간 남쪽에 위치한 중국해 연안의 작은 항구도시였던 타이저우 지역은 최근 10여년 사이에 급성장한 도농 통합형 산업도시의 특성을 지니고 있다. 저장성(浙江省)에 속해 있는 이 도시가 급성장한 배경에는 전 세계로부터 수입되는 폐자원을 재활용하는 업체가 밀집하여 거대한 재활용 산업 클러스터를 이루고 있는 까닭에 기인한 바 크며, 향후 도시는 더욱 더 팽창할 것으로 예상된다. 그러나 이 지역은 환경적으로 이미 심각한 대기오염 상태에 있으며 식수로 사용될 지하수를 찾기 어려운 실정이고 공무원이 근무하지 않는 야간과 주말에는 대량의 불법 소각이 심각하게 발생하는 실정에 있었다. 도시 각 지점에서 불법 소각의 잔재물과 노천 매립으로 인한 쓰레기가 날리고 있으나 전체적으로 타이저우 지역은 도시 지역뿐만 아니라 농촌 지역까지도 매우 활력이 있는 지역이다. 많은 지역 주민들이 열심히 생업에 종사하고 있으며 중국 내륙으로부터 노동집약적인 재활용 산업에 종사할 새로운 인구가 지속적으로 유입되는 추세에 있음도 확인할 수 있다.

2. 타이저우 지역 전자 폐기물의 현황

1) 전자 폐기물의 주요 수출 국가

타이저우 지역으로 전자 폐기물을 수출하는 대표적인 국가는 일본, 미국, 한국 등의 순서인 것으로 현지인들은 파악하고 있다. 일본은 가장 많은 전자 폐기물을 수출하고 있는 대표적 국가라고 하는데, 타이저우 연안의 하이먼(海門) 항구는 대부분 일본으로부터 반입된 전자 폐기물을 하역하는 지점으로 알려져 있다. 그 다음으로 미국으로부터 수입된 전자 폐기물이 많이 있으며, 한국으로부터 수입된 전자 폐기물은 전체

양으로는 일본이나 미국보다 상대적으로 적지만 소규모 전자 제품에서는 높은 비율을 차지하고 있다고 현지 주민들은 밝히고 있다 (현지 조사자들의 증언에 따르면 웬시(溫西) 지역의 전자 폐기물은 대부분 한국의 것이라고 한다). 연구자와 환경정의시민연대, 그리고 그린피스가 함께 조사한 타이저우 지역의 각 지점에서는 대부분 일본에서 수출된 전자 폐기물이 주종을 이루고 있음을 확인할 수 있었다.

2) 전자 폐기물의 수입 방식

타이저우 지역에서 전자 폐기물을 수입하는 과정을 살펴보면, 해상을 통해 수입 대형 화물선을 연안 항구에 정박시키고 이곳에서 밤낮 없이 여러 유형의 전자 폐기물을 하역하면서 타이저우 각 지역에 위치한 공장으로 전자 폐기물을 운송하는 방식이 주종을 이루고 있다. 이와 같은 전자 폐기물은 대형 외국 자본과 대만 자본이 투자한 각종 회사들(如叔江中日物資葵業有限公司, 路峰江新安金屬有限公司 등)의 경우와 같이, 중국의 국가환경총국으로부터 허가를 받아서 합법적으로 대량의 폐자원을 수입하는 과정 속에서 불법으로 전자 폐기물을 함께 들여오는 경우가 있으며, 수량이 상대적으로 적은 경우는 일차 파쇄하여 폐금속에 섞어 반입하는 경우도 있다고 한다.

관련 사례로 2001년 초부터 2002년 4월까지 타이저우 세관 당국이 원자재로 수입 반입된 폐자원 선박 11건을 조사한 결과, 총 590톤이 수입 금지된 폐컴퓨터, 폐전화기, 기타 폐생활 전자제품인 것으로 확인된 바 있다. 또한 2002년 2월 28일 조사에서는 펀선(Funshun) 5호라는 화물선을 타이저우 세관이 조사한 결과, 1,200톤 적재 화물 가운데 폐철류는 불과 400톤이었고 800톤이 전자 폐기물인 것으로 적발된 기록도 있다.

3) 전자 폐기물의 수입량

타이저우 해안 항구에서 1992년 폐자원을 수입 개시한 이래, 그 수입량은 급증하여 최초 1만 톤 이하였던 것이 2001년에는 86만 톤, 2002년에는 98만 톤, 2003년에는 135만 톤, 2004년 말에는 약 150만 톤에 달할 것으로 추계된다. 2003년 타이저우 관련 통계에 따르면 항만을 통한 총 수입 물동량 가운데 약 85%가 폐자원 수입량으로 파악되고 있으므로 가히 타이저우 도시는 폐자원 재처리를 도시기반 산업으로 성장하고 있다고 하겠다. 따라서 정확한 전자 폐기물의 수입량은 확인하기 어렵지만 연간 150만 톤의 폐자원 수입량 가운데 상당한 비율을 차지하고 있을 것으로 추계된다. 타이저우 세관 당국의 조사값을 기준으로 전자 폐기물의 비중을 전체 폐자원 수입량의 약 4.5%라고 가정할 경우, 2004년 한 해 동안 약 67,500톤의 전자 폐기물이 타이저우 지역에 반입된 것으로 추정해 볼 수 있다.

3. 타이저우 지역 전자 폐기물의 수익 규모와 규제의 어려움

통상적으로 1kg의 폐전자 제품 안에는 약 0.1g의 황금이 추출되는 것으로 추정된다. 타이저우에 수입되는 전자 폐기물의 양이 약 67,500톤/년이라고 할 때, 여기에서 추출될 수 있는 황금 양의 경제적 가치(금1g=약 100위안)는 중국 현지에서 거래되는 위안(元)화 기준으로 약 67억 5천만 위안에 달한다. 그 밖에 추출되는 주요 유가금속 가운데 팔라듐(palladium)의 경제적 가치(1g=60위안)와 은의 경제적 가치(1g=20위안) 등을 함께 고려한다면 약 100억 위안에 달하며 이를 한국의 원화로 환산하면 2004년 현재 1조 4천억 원의 경제적 수익 규모가 형성된다고 추계할 수 있다.

이와 같은 막대한 규모의 수익 규모는 중국 정부가 불법으로 규정했음에도 사실상 규제를 실효성 있게 할 수 없는 근본 원인이 되고 있다. 또한 대부분 불법 수입물이기에 적정한 처리를 위한 비용 투자도 이루어질 수 없는 상태여서 불법 소각과 불법 매립으로 없애는 것이 현실이다. 결국 이러한 불법과 탈법의 현장에서 유해물질의 방출과 대기오염

심화 현상은 중국 현지 지역 주민뿐만 편서풍을 타고 흐르는 대기의 흐름에 따라서 아시아 인접 국가인 한국이나 일본의 대기를 유해물질로 뒤덮고, 아시아 전체 지역사회의 환경오염 비용을 가중시키는 결과를 낳고 있다.

타이저우 지역으로 수입된 폐자원의 양과 함께 분리되어 발생된 전자 폐기물이 유통되고 처리되는 과정을 그림으로 요약하면 다음과 같다.

[그림 7-1] 타이저우 지역 전자 폐기물 수입 발생량의 유통 및 처리 과정

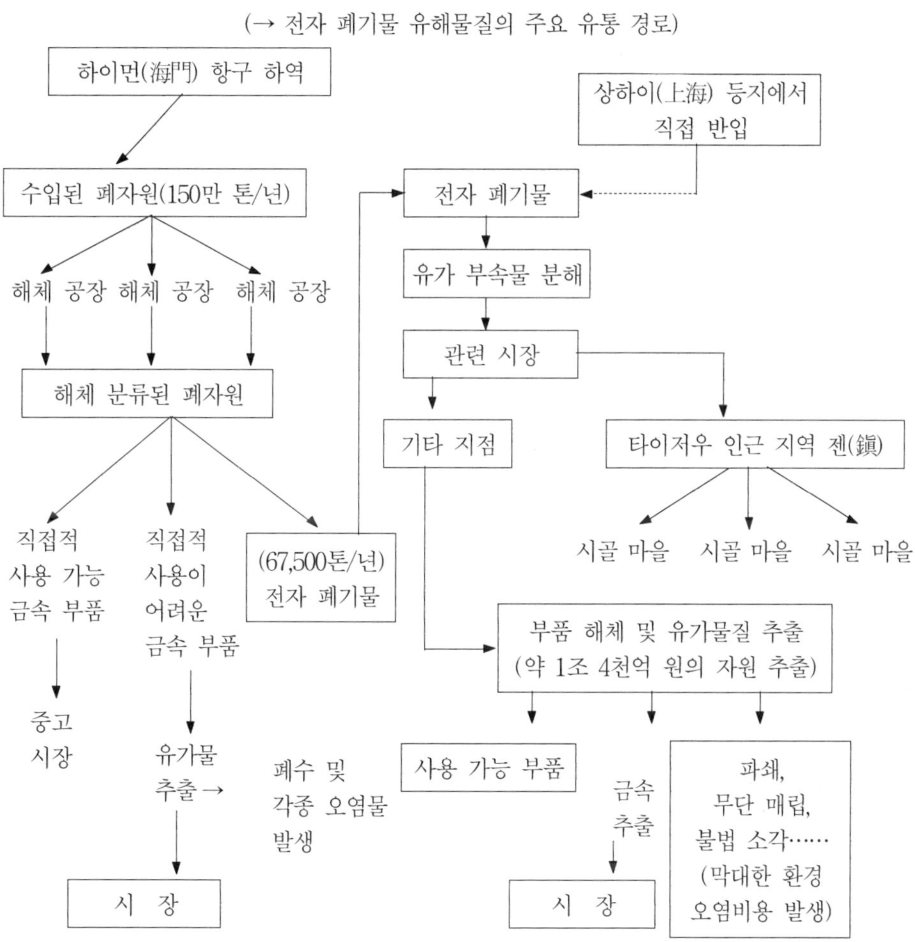

제4절 전자 폐기물 국가 간 이동 문제의 위기적 요소들

1. 전자 폐기물 수출국(일본)의 위기

전자 폐기물의 수출국은 얼핏 저렴한 처리비용 또는 자국 내 관련 수출업자의 이익 증가로 인해 경제적 이익을 취하고 있다는 착시 현상에 빠질 수 있다. 그러나 전자 폐기물 수출국은 이미 다음과 같은 세 가지 측면에서 위기를 겪게 된다는 사실을 간과해서는 안 된다.

1) 환경 기술 개발의 저해

전자 폐기물의 수출은 산업국의 관련 분야 기술 진보를 저해하는 중요한 요인으로 작용하고 있다. 즉 친환경 생산 기술의 등장을 어렵게 하고 결국은 산업의 생산성을 약화시키게 되면서 지속적인 성장을 어렵게 한다는 것이다. 특히 폐기물의 처리를 개발도상국으로의 폐기물 수출로 전이시키는 것은 적정 처리의 규제 기준을 무력화(규제의 loophole 증가)시킴으로써 건전한 친환경 기업을 오히려 도산시킬 수 있게 하고, 더 이상 환경 기술 개발 및 투자가 이루어지지 못하게 하는 결과를 초래할 수 있게 된다.

2) 자국 내 일자리의 감소

전자 폐기물을 자국 내에서 처리하지 않고 개발도상국에 수출하는 행위는 국내 저임금 계층으로부터 일자리를 빼앗는 것을 의미한다. 대부분의 전자 폐기물 해체 과정은 산업국가일지라도 열악한 조건의 작업장에서 이루어지는 노동집약적 과정을 거치기 때문에 상대적으로 낮은 임금을 받는 단순노무직의 분야에 속한다. 따라서 개발도상국으로 빠져나가는 전자 폐기물은 결국 자국 내 수많은 작업 근로자들이 일하고 있는 자활 업체, 재활용 업체의 직장을 폐쇄시키는 결과를 가져온다는 것이다. 물론 전자 폐기물을 수출하는 부분에서는 수익이 증가하겠으나 자국 내 재활용 업체의 연쇄적 도산은 사회적인 빈익빈 부익부 문제를 심화시키는 방향으로 나아간다고 하겠다.

3) 환경오염의 확산과 부메랑 효과

전자 폐기물을 외국으로 수출하는 과정에서 자국 내에서는 전자 폐기물이 없어졌기에 환경적으로 좋아졌다고 잘못 판단할 수 있다. 그러나 전자 폐기물을 수입한 인근의 개발도상국에서는 열악한 조건에서 매우 위험한 방법으로 전자 폐기물을 처리하게 되고, 그 결과 2차적, 3차적 오염이 연쇄적으로 발생하게 되는데 그 오염은 결국 전자 폐기물 수출국의 대기와 해양을 다시금 오염시키는 환경오염의 부메랑 효과를 가져올 수 있다. 예컨대 앞서 살펴본 사례에서처럼, 중국의 농촌 지역으로 유입된 일본의 전자 폐기물은 대량의 염산과 화학물질로 재처리되면서 심각한 하천 오염을 유발한 후 해안 지역을 오염시키며, 이는 다시 해양

〈표 7-1〉 전자 폐기물 수출국(일본)의 잠재적 비용

환경기술 개발의 저해	-폐기물 수출이라는 적정 처리규제의 허점(loophole) 증가로 기술 개발 투자를 회피시키는 disisincentive 증가
	-친환경 생산 기술의 낙후로 산업생산성 약화
	-유해물질 사용의 증가에도 불구하고 관련 규제정책은 실패할 수밖에 없음
자국 내 재활용 산업의 위축	-자활업체 종사자 및 저임금 근로자의 실업난 가중
	-자원의 낭비적 요인 증가
	-지속 가능한 순환형 사회기반 구축의 근간을 해칠 수 있음
환경오염의 확산과 오염의 부메랑 효과	-대기오염의 확산과 광역화
	-각종 유해물질 확산으로 인한 건강 조건 악화
	-전자 폐기물 수출국인 인근 지역 한국인과 일본인의 천식 등 호흡기 질환 급증

어류를 오염시켜 결국 일본의 식단에 오르는 생선들을 중금속에 오염시켜서 일본인들을 다시금 이타이이타이병에 걸리게 할 수 있다는 것이다. 이와같이 전자 폐기물의 수출국이 직면할 수 있는 다각적 측면에서의 위험성을 요약하면 <표 7-1>과 같다.

2. 전자 폐기물 수입국(중국)의 위기

전자 폐기물 수입국 입장에서도 일견 막대한 경제적 수익과 이로 인한 고용 창출 및 부족한 원자재의 수급 상황을 개선할 수 있다는 착각에 빠질 수 있다. 그러나 전자 폐기물 수입국 역시 다음과 같은 감당하기 어려운 손해를 입게 된다는 사실을 잊어서는 안 된다.

1) 환경오염으로 인한 지역 주민의 건강 악화

전자 폐기물의 수입국은 결코 좋은 조건과 적절한 과정을 통해 전자 폐기물을 처리할 수 없다. 열악한 조건에서 유가물질을 추출하면서 대량의 유해물질이 발생하기 때문에 이 분야에 종사하는 근로 인력뿐만 아니라 인근에 주거하는 주민들까지 심각한 환경오염으로 건강을 해치는 상황에 직면한다.

토양오염과 지하수 오염으로 질병이 발생할 뿐만 아니라 농업 활동의 위축으로 식량 문제가 더욱 심각한 상황에 처하게 되고, 마실 물조차 오염되어 각종 질환을 겪게 된다는 것이다. 예컨대 중국 광저우성(廣州省) 산토우 지방의 산토우의대가 2004년 2월 조사, 발표한 결과에 따르면, 타이저우 지역보다 앞서 1990년대 초부터 전자폐기물 산업에 매진했던 구이유 지역에서는 채취한 퇴적물 샘플에서 크롬은 기준치보다 1,338배, 납은 212배나 높을 정도로 심각한 중금속 오염 현상을 보인 것으로 확인되었다.

막대한 양의 발암물질이 이곳의 하천과 토양을 이미 오염시켰으며, 직접적으로 전자폐기물 산업 관련 일에 종사하는 조사 대상 노동자 311명 가운데에서는 신경계(34.1%), 소화계(24.9%), 호흡계(15.7%)의 질환을 앓고 있었으며, 두통과 어지러움 증상을 보이는 비율은 이미 35.7%를 넘어서고 있었다고 한다(그린피스 내부 자료 참조).

2) 자원환경 복원의 불능 상태로 인한 재앙

전자 폐기물로 인한 자연환경의 치명적인 오염은 불과 십여 년이 넘지 않아서 그 인근 지역을 피폐화시키고 환경적으로 자연 회복이 불가능한 상태로 만들게 된다. 타이저우 지역보다 먼저 전자 폐기물 수입 지역으로 알려진 구이유 지역은 이미 그 환경적 오염의 심각성으로 인해 주민들이 더 이상 거주하기 어려운 지역으로 전락했다는 보고가 있는 상태이다. 향후 환경오염 지역을 복원하기 위한 시도를 할 경우, 그 복원 비용은 천문학적인 비용을 요구하게 될 것이고 환경 복원이 이루어지지 않을 경우에는 유해물질의 지속적인 유출로 인해 예측 불가능한 후유증이 계속 발생될 수밖에 없다고 하겠다.

3) 사회 불안과 국제적 환경 규제의 압력에 직면

이와 같은 심각한 환경오염이 전자 폐기물 수입으로 인해 계속 발생될 경우, 이는 그 지역 주민들의 저항은 물론 인근 지역 국가들의 환경규제 압력을 일으킬 수밖에 없다고 하겠다. 이미 이와 같은 위험적 요소는 2004년 10월, 필자의 현장조사에서도 예상되었던 바였으나 불과 6개월이 지나지 않아 2005년 4월 10일, 타이저우 지역 인근의 둥관시(東莞市) 화시마을에서 더 이상의 환경오염 공장이 들어오는 것을 반대하는 지역 주민 약 3만 명과 경찰 3천 명이 충돌하는 대규모 소요 사태가 발생하는 것으로 현실화되었다(조선일보 2005. 4. 13). 또한 타이저우 지역 인근의 잔샤마을에서도 2005년 6월 말에 환경오염과 관련된 문제로 격렬한 시위와 충돌이 있었던 것으로 보도된 바 있다(국민일보, 2005.

7. 4).

특히 중국 환경총국의 2003년 조사 자료에 따르면, 타이저우 지역 주변(浙江省)의 산성비 Ph 농도가 매우 심각한 수준인 것으로 나타나고 있는데, 이는 중국 내에서도 가장 심각한 수준인 Ph 5.0보다 더욱 강산성인 것으로 알려진 바 있다(한겨레, 2005. 4. 15). 그런데 한국의 국립환경연구원이 조사한 바에 따르면 서울에 대린 53차례의 산성비와 기류의 상관 관계를 분석한 결과, 바로 상하이 아래 방향에 위치한 중국 동남부 저장성(浙江省) 타이저우 지역 인근에서 불어오는 바람과 관련이 있는 경우가 23차례(43.3%)로 가장 많았다고 한다(연합뉴스, 2005. 1. 21). 한국의 충남 지역이 Ph 4.3인 것에 비해 일본 지역은 Ph 4.7, 북동러시아 Ph 5.1, 몽골 Ph 5.5로 나타나고 있어서 중국 특히 전자 폐기물을 대량 수입 처리하는 타이저우 지역은 동아시아 전반의 산성비 진원지가 되고 있다고 하겠다.

〈표 7-2〉 전자 폐기물 수입국(중국)의 잠재적 비용

환경 오염으로 인한 지역 주민의 건강 악화	-토양오염과 지하수오염으로 질병 발생
	-농업 활동의 위축으로 인한 식량 문제 가중과 마실 물의 부족화
	-이타이이타이병과 같은 환경오염병 발생
자연 환경 복원의 불능 상태로 인한 재앙	-인간이 생활할 수 없는 재난지역의 확대
	-향후, 환경오염 및 복원비용의 기하급수적 증가
	-유해물질 오염으로 인한 예측 불가능한 후유증 발생 가능성
사회 불안과 국제적 환경 규제의 압력	-심각한 환경오염 행위에 대한 지역사회의 저항
	-외부의 무역 규제 등과 같은 국제적 환경규제 강화
	-갑작스러운 환경규제 조치로 인한 대량실업 발생과 각종 정치적 불안정 촉발

제5절 소결론: 정의로운 세계 연대기구의 필요성

지금까지 전자 폐기물의 국가 간 이동 문제에 대해 환경 정의와 경제 부정의라는 이론적 논거에서 중국의 저장성(浙江省) 타이저우 지역에서 발생하고 있는 전자 폐기물의 수입 및 처리 현장에서 나타난 문제점을 살펴보았다. 전자 폐기물을 둘러싼 수출국과 수입국의 관계를 경제적 이해 관계에서만 한정하여 살펴본다면 긍정적 측면도 많다. 그러나 환경적 정의(environmental justice)라는 시각에서 바라보면, 양쪽 모두 공범자라는 평가를 면하기 어려울 것이다.

단기적인 경제적 이해 득실을 넘어서 경제적 정의라는 측면에서도 이는 결코 바람직하지 않으며 환경적 정의라는 차원에서 본다면 그것은 국제적 범죄 행위임이 더욱 분명해진다. 국제무역을 주관하는 WTO 체제에 대응한 또 다른 논리가 필요한 것은 바로 이와 같은 맥락에서이다. 경제적 이익을 극대화하기 위한 사적(私的)인 논리에 대응하기 위한 지구촌 전체 사회의 국제적 공적(公的) 환경 문제를 주관할 WEO(World Environmental Organization)의 필요성이 제시되는 것은 바로 경제적 부정의에 대응할 환경적 정의를 구현하기 위한 국제적 환경 거버넌스(global environmental governance)의 역할 필요성으로 이어지며, 이는 향후 관련 국내외 환경정책 전반에 큰 줄기를 제공해야 할 것으로 예상된다.

따라서 국제적 환경 거버넌스는 세계화와 개방화를 촉구하는 세계무역 질서의 경제적 이익 극대화 논리를 견제하는 측면에서 행해져야 할 것이며, 이는 경우에 따라서 선진국과 개도국 상호간 경제적 이해가 합치되는 영역에 대해서도 적극적 규제가 필요할 수 있음을 예상하게 한다. 전자 폐기물의 수출국과 수입국의 이해 관계가 단기적으로는 양자에게 모두 이익이 되는 측면이 있으나 장기적으로는 결국 모두에게 감당하기 힘들 정도의 비용을 요구할 수 있으므로 이에 대한 각국의 환경정책 규제 내용은 국내(國內)적·사적(私的)인 이익 관점을 벗어나 인간 본연의 기본권 차원에서 접근해야 할 것이며, 위반시 국제적 범죄 행위로 다루어져야 한다.

모든 인간은 자신의 국적이나 경제사회적 소속 집단에 관계 없이 공정하게 대우받아야 하며, 관련된 환경오염 문제에 적극 대응하기 위한 의미 있는 참여를 보장받을 수 있도록 각 국가의 정부들은 환경정책과 그 제도를 재접근·재설계해야 할 것이다. 아시아가 직면한 현재의 환경 위기를 극복할 출발점은 바로 국경과 소속을 넘어서서 인간 본래의 기본적 인권으로 지니고 있어야 할 환경권(環境權) 회복에서 시작되어야 한다고 판단한다.

미국의 대부분 지역에서는 이사를 가거나 또는 오래된 창고를 정리하면서 쓰지 않고 버릴 수 있는 물품들을 버리지 않고 자기 집 앞마당에서 물건으로 판매하는 이른바 마당 판매(yard sale) 현장을 많이 발견할 수 있다. 물건을 버리지 않고 Goodwill과 같은 자선단체에 기부하거나 마당 판매를 하는 미국인들의 자원 순환 실천 노력은 미국 정부의 관련 정책이나 행동보다 나은 부분이 많다고 하겠다.

이미 지구촌 환경공동체를 구성하지 않으면 안 되는 상황이다. 관련된 노력과 실천이 절실히 필요한 시점이라는 것이다. 자신이 속한 인종이나 민족, 그리고 사회적 계층을 뛰어넘어서 환경적으로 정의로울 수 있는 세계를 만들기 위해 이를 실천하기 위한 세계적 조직이 필요하다. 이는 세계무역기구(WTO)에 대응할 수 있으며 세계 경제와 세계 환경이 균형을 이룰 수 있는 세계환경기구(WEO)의 필요성으로 귀결된다.

참고 문헌

[국내 문헌]

고영훈(2002). 『환경법』. 법문사.

권태면(1999). “북한의 식량문제.” 『외교』 51호.

김광수(1999). 『지속 가능한 폐기물관리법제. 자원순환형 폐기물관리를 위한 제도 개선 방안』. 쓰시협.

김명수(2000). 『공공정책평가론』. 박영사.

김수암(2000). “탈냉전기 인권과 국제정치적 함의: 국가 중심 시각에 대한 비판적 검토.” 『통일정책연구』 제9권 1호. 통일연구원.

김애리(1998). 『배출권 거래제도의 국제적 운영 현황과 과제』. 대외경제정책연구원.

김완종 외(2002). 『인체생물학』. 정문각.

김용건(1998). “배출권 거래제도의 개념 및 특성.” 『배출권 거래제도 논의 동향 및 향후 정책 방향』. 한국환경정책평가연구원.

김운근, “환경친화적인 남북경협 방향.” 『남북환경공동체 형성을 위한 정책토론집』. 환경운동연합.

김정훈(1999). “2000년 서울시 예산안 분석으로 살펴본 소각장: 질문과 답.” 21세기 지속 가능한 폐기물정책의 방향성. 경실련 소각정책 세미나. 1999. 12. 23.

———(2000). “21세기 남북한 환경공동체 건설의 방향성.” 『한국정책학회 동계학술논문집』.

———(2001). “남북한 환경공동체 건설을 위한 유기성폐기물 관리방안 연구.” 『교보교육문화논총』 제4집. 교보교육문화재단.

———(2001). “생태도시를 위한 자원·폐기물 관리체계.” 『생태도시의 이해』. 다락방.

———(2004). “환경정의와 환경정책: 전자 폐기물의 국가간 이동 문제를 중심으로.” 『한국정책학회 동계학술논문집』.

김종원(2000. 4). 수리권 거래제도 도입 방안. 한국정책학회 월례 세미나.

김준한(1999). “2000년대 재활용산업의 전망 및 육성 방안.” 재활용산업의 육성을 위한 정책토론회. 환경부. 1999. 11. 26.

김지욱(1998). 『재활용제품 산업 활성화 방안』. 서울시정개발연구원.

김지하(1995). “동북아 생명공동체와 새문화의 창조.”『계간 대화』. 여름호.
김창길(1999). “가축분뇨 처리의 경제성 분석.”『농촌경제』 22권 3호. 한국농촌경제연구원.
김춘수 · 최홍림 · 강성모(1995).『가축분뇨 처리시스템 개선 및 자원화기술 개발』. 농촌진흥청.
녹색소비자연대(2003). 폐휴대전화 재활용과 안전 폐기를 위한 토론회.
농림부 축산정책과(1999),『축산분뇨처리 및 자원화대책』.
농촌진흥청(1997).『환경농업을 위한 퇴비 제조와 이용』. 표준영농교본-89.
———(1999).『축종별 가축분뇨 처리비용』. 농업경영관실 내부 자료.
대외경제정책연구원(2000).『WTO 뉴라운드 농업협상 영향분석 및 대외전략 00-06』.
대우엔지니어링(2001. 5), 마포자원회수시설 건설사업 기본계획.
박수혁(1998). “폐기물법 제도에 있어서 생산자책임 법리에 관한 고찰.”『환경문제연구총서 Ⅶ』. 대한변호사협회.
박진환(2000). “북한농업개발을 위한 남북한 협력 방안.”『북한농업 개발을 위한 협력 방안 모색』. 한국농촌경제연구원 국제학술대회.
서울특별시(2000. 12). “서울시 생활계 폐기물 소각시설 용량 산정 연구.”
———(2000. 9. 4). 마포자원회수시설 건설사업 환경영향평가(초안).
석현덕(1999). “북한지역의 황폐산림 복구 방안.”『농촌경제』 22권 3호. 한국농촌경제연구원.
손기웅(2000). “남북환경협력의 의의와 추진 기본 방향.”『남북환경공동체 형성을 위한 정책토론집』. 환경운동연합.
손영배(1997).『한국의 쓰레기 2천년사』. 문지사.
송금찬 · 박민수 · 홍철선 · 이철희(1996). “양돈 경영의 분뇨처리 방법별 경제성 연구.”『농업경영연구보고』 제56호. 농촌진흥청 농업경영관실.
———(1996). “양돈경영의 분뇨처리 방법별 경제성 연구.”『농업경영연구보고』, 제56호. 농촌진흥청 농업경영관실.
쓰레기문제 해결을 위한 시민운동협의회(2002. 11). 폐컴퓨터 및 폐프린터 재활용 활성화 연구.
———(1999). 소각시설운영 및 관리실태 현황.
안병훈(1996).『배출권 거래제도의 설계 및 환경문제에 대한 적용 방안 연구』. 환경기술개발원.
오진규(2003).『지속가능 발전을 위한 에너지 부분 전략연구』. 에너지경제연구원.
유기영(1998).『서울시 생활계폐기물 발생 및 처리경로 분석연구』. 서울시정개발연구원.

전학문(1994).『유기질 폐기물의 발효처리와 퇴비화』. 아카데미서적.
정정길 외(2003).『정책학』. 대명출판사.
최병두(2002).『환경갈등과 불평등』. 한울.
최종원(1998). "정책집행 연구의 이론적 틀에 대한 비판적 고찰."『한국정책학회보』 제7권 1호.
토다 기요시, 김원식 역(1996).『환경 정의를 위하여』. 창비사.
통계청(2004).『2003 한국통계연감』 제50호.
통일연구원(2000). 남북한 농업기술 교류협력 방안 연구.
한국농촌경제연구원(1998).『축분비료의 생산 및 이용활성화 방안(R-390)』.
———(1999a).『북한의 농기자재 수급 현황과 남북한 협력 방안』.
———(1999b).『환경농업정책의 평가와 발전 방향(R-420)』.
———(2000).『북한 농업 개발을 위한 협력 방안 모색』.
한국자원재생공사(2002. 10. 1). 폐기물재활용의 오늘과 내일.
한국전자산업환경협회(2001. 12). 폐전자제품 회수 및 재활용실태조사.
———(2004. 7. 6). 전자제품 EPR제 발전을 위한 국제 세미나.
한면희(2004).『초록문명론』. 동녘.
한세억(1998). "정책결정과 집행간 연계성에 관한 연구." 서울대 행정학 박사학위 논문.
허덕 · 김창길 · 정민국(1999).『축분비료의 생산 및 이용활성화 방안』. 한국농촌경제연구원.
환경기술(2000. 6). 가축 분뇨 처리대책에 관한 고찰.
환경부(1996). 국가폐기물관리종합계획.
———(2000). 1999년도 전국폐기물 발생 및 처리 현황.
환경정의시민연대(1999. 5). 서울시 소각장 건설정책평가를 위한 간담회 자료.
———(1999. 6). 서울시 소각장 적정용량 및 합리적 이용 토론회 자료.
WSSD 리우+10 한국민간위원회(2002). 한국민간위원회백서.

Bishop, P. (2000). *Pollution Prevention*. Boston: McGraw-Hill Co.
Bottomore, T.(1988). 임석진(편역).『마르크스 사상사전』. 청아출판사.
Bottomore, T. et. al(1985). *A Dictionary of Marxist Thought*. MA: Harvard Univ. Press.
Byrne, J., L. Glover & C. Martinez(1998). *Environmental Justice*. Vol. 8. Transaction Co.
Callan, Scott J. & Janet M. Thomas(1996), *Environmental Economics and Management: Theory, Policy, and Applications*, Chicago: Irwin.

Christensen, L. et. al(1981). *Managing Animal Waste: Guidelines for Decision-Making.* U.S. Department of Agriculture, ERS-671.

Cohen, J. & A. Arato(1992). *Civil Society and Political Theory.* MA: MIT Univ. Press.

CRRA(2002). *The Zero-Waste Workbook.* CRRA Conference, Oakland, CA.

Donnelly, J.(1996). "Rethinking Human Rights." *Current History*, Vol. 95. Nov.

FAO(1998-99). "FAO/WFP Crop and Food Supply Assessment Misssion to the Democratic People's Republic of Korea," Special Report.

Gandy, M.(1994), *Recycling and the Politics of Urban Waste.* NY: St. Martin's Press.

Gardner, G. (2002). "The Challenge for Johannesburg: Creating a More Secure World," in Flavin, C. *State of the World 2002.* World Watch Institute. N.Y.: Norton & Company.

Harvard Business Review Paperback Series(1999). *Nonprofits.* Harvard Business School Press.

Hayek, Friedrich A.(1971). *The Road to Serfdom.* Univ. of Chicago Press. 『隷從에의 길』. 정도영(역). 서울: 삼성문화재단.

Jung-Hoon Kim. "Sustainable Urban Waste Management System in Metropolitan Seoul." *The Sustainable City III.* WIT Press.

KEI(1997). *Waste Prevention & Minimization.* Korea Environmental Institute.

Khan, D.(2000). "Strategies on the Rehabilitation of Agricultural Infrastructure and Development in North Korea," 『북한농업 개발을 위한 협력방안 모색』. 한국농촌경제연구원 국제학술대회.

Korey, W. (1998). *NGOs and the Universal Declaration of Human Rights.* NY: St. Martin's Press.

McGinn, Anne P.(2002). "Reducing Our Toxic Burden," *State of the World.* The Worldwatch Institute. Norton Co.

Rawls, J.(2003). *A Theory of Justice.* 5th edition. Harvard University Press.

Salamon, Lester M. (2000). 『NPO란 무엇인가』. 이형진(역). 서울: 아르케. *America's Nonprofit Sector: A Primer.* 2nd ed. NY: The Foundation Center 1999.

Sampson, Gary P.(2000). *Trade, Environment, and The WTO: The Post-Seattle Agenda.* The Johns Hopkins University Press.

Savas, E. S. (1982). *Privatizing the Public Sector.* NJ: Chatham House.

Seldman, N. (2002). "Recycling and Local Economic Development in the U.S." *Proceeding in International Conference for Zero Waste in Seoul Korea.* KMWN, GAIA.

Sherry, Lee(2002). "Ghosts in the Machines." May 12, 2002. *South China Morning Magazine.*

Snow, W. (2002). "Towards Zero Waste: The New Zealand Story." *Proceeding in International Conference for Zero Waste in Seoul Korea.* Korea Waste Movement Network. GAIA.

Tate, W. B.(1994), "The Development of the Organic Industry and Market: An International Perspective," in N. H. Lampkin & S. Padel(ed), *The Economics of Organic Farming*, CAB International, U. K.

Tieenberg, T.(2002). *Environmental and Natural Resources Economics*(6th edition). Addison Wesley.

U.S. Environmental Protection Agency(1998). The Benefits and Costs of the Clean Air Act, 1970 to 1990. Submitted to Congress Pursuant to Section 812, Clean Air Act Amendment of 1990. Washington: EPA.

———(2000). Guidelines for Preparing Economic Analyses. EPA/OP, Office of Economy and Environment. Washington: EPA.

UNDP(1998). Thematic Round Table on Agricultural Recovery and Environmental Protection in DPR Korea, May 28-29, Geneva.

UNDP/FAO(1998), "Agricultural Recovery and Environmental Protection in DPR Korea," A Document Prepared for the Round Table Follow-Up Meeting, Palais des Nations, Geneva. 30 November.

Wang, Y. D. (1998). "Research Document on Seoul Waste Management." *CEEP*. Univ. of Delaware.

Warren, R., M. Rosentraub & K. Harlow(1982). "Citizen Participation in the Production of Services: Methodological and Policy Issues in Coproduction Research." *Southwestern Review of Management and Economics* 2(March).

Warren, R., M. Rosentraub & L. Weschler(1992). "Building Urban Governance: An Agenda for the 1990s." *Journal of Urban Affairs* 3/4.

Whitaker, G.(1980). "Coproduction: Citizen Participation in Service Delivery." *Public Administration Review*. 40(May/June).

Wilson, R.(1981). "Citizen Coproduction as a Mode of Participation." *Journal of Urban Affairs 3*(Fall).

Winter, S.(1990). "Integrating Implementation Research." in D. J. Palumbo (eds.). *Implementaion and Policy Process*. NY: Greenwood Press.

Woon-Keun Kim, & Tae-Jin Kwon(1998). "Food Situation and Prospect of Agricultural Reform in North Korea." *Journal of Rural Development*. Vol. 21.

WSSD(2002). *Draft Plan of Implementation of the World Summit on Sustainable Development*. UN World Summit on Sustainable Development in Johannesburg, South Africa.

Basel Action Network 자료.

Green Peace, 현지 자료.

중국 타이저우(台州) 지역 현지 자료(2004).

미국 뉴욕시 위생국 현지 방문 및 인터뷰 자료(2003).

일본 도쿄도청 현지 방문 및 인터뷰 자료(2001).

남아프리카 공화국 현지 방문 및 WSSD 참가 자료(2002).

www.dswa.com/facilities/facilities_collection.htm; Delaware Solid Waste Authority

www.epa.gov/payt; How to Succeed with PAYT

www.me.go.kr; Korea Ministry of Environment

www.metro.seoul.kr; Seoul Metropolitan Government

www.slc.or.kr; Sudokwon(Kimpo) Landfill Site Management Corp.

찾아보기

[ㅅ]

[ㅇ]

[ㅈ]

저자 소개

김정훈(金正勳, Kim, Jung-Hoon)

〈주요 학력 및 경력〉

한국외국어대학교 졸업
미국 Stanford University, Visiting Researcher
한국외국어대학교 대학원 행정학과 졸업(행정학 박사)
미국 Harvard University, Law School, ITP 졸업
미국 University of Delaware, 에너지환경센터 연구교수
서울시정개발연구원 책임연구원,
영국 Global Forum'94 한국도시 대표자
한국행정학회 이사, 한국정책학회 이사,
대통령자문 지속가능발전위원회 위원(환경생태분과)
국민고충처리위원회 전문위원(비상근)
사)자원순환사회연대(쓰시협), 정책위원장
사)환경정의, 국제위원장
환경부 에코-2 프로젝트 정책자문위원
WSSD 한국민간위원회 상임위원
행정자치부 국가고시위원
현재 서경대학교 사회과학대학 행정학과 교수

〈주요 저서 및 논문〉

Sustainable Urban Waste Management System in Metropolitan Seoul, South Korea, *The Sustainable City III*, UK: WIT Press, 2004.
『서울시정의 바른 길 2002』(공저), 나남.
『21세기 폐기물관리정책 발전 방향』(공동). 2000. 환경부.
『환경행정론』(공저). 1998. 향문사.
『정부조직의 혁신』(공저). 1998. 대영문화사.
『시민의 정부혁신론』. 1997, 대영문화사 외 다수.

자원순환사회와 NGO

펴낸날 / 제1판 제1쇄 2006년 1월 20일
지은이 / 김정훈
펴낸이 / 임춘환
펴낸곳 / 도서출판 대영문화사
주소 / 서울 용산구 청파동 1가 178-2 ㉾ 140-869
등록 / 1975년 12월 26일 제3-16호
전화 / (02)716-3883, (02)714-3062
팩시밀리 / (02)703-3839
우체국 온라인 / 011353-02-009106

ISBN 89-7644-197-4

〔값 8,000원〕